EXCELENCIA EN EL MINISTERIO

Las mejores prácticas para un liderazgo catequético exitoso

TOM QUINLAN

EL LÍDER CATEQUÉTICO EFICAZ

Editor de la serie: Joe Paprocki, D.Min.

LOYOLA PRESS.
UN MINISTERIO JESUITA
Chicago

LOYOLA PRESS.
UN MINISTERIO JESUITA

3441 N. Ashland Avenue
Chicago, Illinois 60657
(800) 621-1008
www.loyolapress.com

Diseño de la portada: Ann Triling/Hemera/Thinkstock.

ISBN: 978-0-8294-4675-3
Número de Control de Biblioteca del Congreso USA: 2018946823

Impreso en los Estados Unidos de América.
18 19 20 21 22 23 24 25 26 27 Versa 10 9 8 7 6 5 4 3 2 1

Índice

Bienvenido a la serie El líder catequético eficaz

La serie **El líder catequético eficaz** ofrece habilidades, estrategias y enfoques que asegurarán el éxito para líderes de programas parroquiales de formación en la fe. Beneficia a aquellos que trabajan con catequistas, entre ellos directores de educación religiosa, párrocos directores diocesanos y participantes en programas de formación catequética. Mediante una combinación de teoría y práctica, esta serie:

- brinda instrucciones concretas y recursos para imprimir;
- define la función del líder catequético y ofrece estrategias específicas y prácticas para el liderazgo, la colaboración y la delegación de responsabilidades;
- ofrece enfoques para el liderazgo y la catequesis en una manera más evangelizadora;
- describe las mejores prácticas para reclutar, capacitar y formar catequistas; para desarrollar una visión para la formación en la fe; para crear un consejo de asesores; para planificar y programar eventos; para establecer contactos con otros colegas; para seleccionar recursos catequéticos de calidad y para manejar los aspectos administrativos del ministerio; y
- ofrece consejos sobre cómo catequizar eficazmente teniendo en cuenta la diversidad de nuestras parroquias —un aspecto ineludible de la realidad de la Iglesia en este país —, de manera

> que podamos servir respondiendo a las necesidades particulares de quienes forman la comunidad de fe.

Ya sea que te inicies como líder catequético o hayas estado sirviendo como tal por muchos años, la serie **El líder catequético eficaz** te ayudará a utilizar cada área de este ministerio para proclamar el Evangelio e invitar a las personas al discipulado.

Acerca de este libro

El Liderazgo Catequético es un ministerio en constante evolución. Desarrollar enfoques innovadores, cimentados en lo que hemos aprendido de quienes nos precedieron, nos garantizará el éxito. Este quinto volumen de la serie **El líder catequético eficaz** pone a tu alcance estrategias y destrezas novedosas junto a otras que ya han dado buenos resultados a lo largo del tiempo. Usarlas hace posible que los líderes catequéticos dirijan con éxito el programa catequético de la parroquia, al tiempo que cumplen la meta de alentar a la comunidad de fe a madurar como seguidores de Jesucristo. Entre las prácticas que se cubren en este libro se encuentran la planificación del año catequético, la selección de recursos, la promoción del programa catequético dentro de la comunidad parroquial y fuera de ella, cómo evaluar el programa en profundidad y mucho más.

1

Crear y compartir la visión

Consejos asesores catequéticos y declaraciones de principios

"Ninguno de nosotros es tan inteligente como todos nosotros" (versión del traductor [v.d.t.]). Así lo expresó el fallecido Obispo Roger Kaffer, obispo auxiliar de la Diócesis de Joliet, con quien tuve el privilegio de servir. El Obispo Kaffer era humilde, santo, trabajador, alegre y un poco extravagante. Tenía muchos dichos memorables. Yo los llamaba "kafferismos".

El Obispo Kaffer era el secretario de educación cuando tomé mi cargo como director catequético de la diócesis en 2001. Yo tenía mucho que aprender, y él fue un gran mentor para mí. Me contó sobre sus batallas como director de una preparatoria católica y como rector de un seminario de la diócesis. Me reveló un estilo de liderazgo que era tanto decisivo cuando era necesario, como inclusivo cuando era posible. Creía firmemente en el principio de la subsidiariedad, que requiere que las decisiones tengan en cuenta la opinión de la comunidad dentro de lo posible. Pero tampoco temía meterse en situaciones difíciles. El Obispo Kaffer, en sus múltiples funciones como sacerdote, director y obispo, tenía el instinto de invitar las opiniones de los involucrados y de esforzarse en llegar a un consenso. Entendía que el liderazgo autocrático podía generar decisiones e implementación inadecuadas.

Incontables veces desde su muerte, he escuchado como un eco sus consejos: "Ninguno de nosotros es tan inteligente como todos nosotros". Es un alivio saber que no tengo que tener todas las respuestas. Puedo y debo dirigir un ministerio con convicción y determinación. Pero el ministerio que fui llamado a dirigir no es mío. Es más grande que yo. Es el ministerio de una parroquia, una diócesis, el de la Iglesia, ¡y el de Cristo! Comprender que soy un encargado temporal de un ministerio de la Iglesia me sitúa para servir con humildad. Al reconocer y fomentar los dones de los demás, entrego el control y me abro a una gracia más rica y a mayores posibilidades.

Hacer las preguntas correctas

Uno de mis oradores y autores favoritos es Patrick Lencioni, un consultor muy respetado en la lista de compañías Fortune 500, un orador interesante y católico devoto. Sus libros y videos en Internet son entretenidos y están llenos de perspectivas reales que pueden aplicarse tanto al ámbito empresarial como al mundo de la Iglesia. Lencioni menciona seis preguntas que cualquier organización debe responder. Estas son:

- ¿Por qué existimos?
- ¿Cómo nos comportamos?
- ¿Qué hacemos?
- ¿Cómo tendremos éxito?
- ¿Qué es lo más importante en este momento?
- ¿Quién debe hacer qué? [v.d.t.]

(*The Advantage: Why Organizational Health Trumps Everything Else in Business*, [La ventaja: por qué la salud organizativa es superior a todo lo demás en la empresa] pág. 77).

Estas son preguntas importantes. ¿Te das cuenta de que todas son preguntas que se refieren a "nosotros"? Sugieren que hay más de una persona sentada a la mesa. Insinúan que la salud de una organización requiere la participación de diferentes voces. Muchos negocios no toman en consideración estas preguntas. Tampoco lo hacen muchas parroquias. Tal vez esto ocurre porque nunca se ha desafiado a estas parroquias a considerar el panorama general. Tal vez sea porque el personal y las personas involucradas están demasiado ocupadas llevando a cabo las actividades (de manera fluida, o no tan fluida). Quizás sea porque hacer estas preguntas hará evidente que mucho de lo que hacemos no tiene una finalidad ni una dirección y que los resultados son a menudo ineficaces.

Hay una historia sobre una chica que le pide a su madre instrucciones para hacer un estofado. Su madre le dice que empiece por cortar los extremos. "¿Por qué?", pregunta la hija. "No lo sé", responde la madre. "Eso hacía siempre tu abuela". Al preguntarle a la abuela, ella respondió: "Ah, hacía eso porque la cacerola que teníamos entonces no era lo suficientemente grande para que cupiera todo". Cuando preguntan por el *statu quo* en tu parroquia, ¿alguien responde: "Siempre lo hemos hecho así" o "Intentamos hacer algo así y no funcionó"? Bueno, ¡tal vez sea tiempo de que la parroquia consiga una cacerola más grande!

Tu función en el ministerio dentro de un contexto más amplio

Como líder catequético, ya sea en una parroquia grande con personal a quien supervisar o como voluntario en una parroquia pequeña, has sido empoderado y tienes autoridad. Eres un agente del párroco, que es el líder catequético en jefe de la parroquia. El párroco es un agente del obispo, que resulta ser el líder catequético en jefe de la diócesis. Tú sirves dentro de esta estructura de la Iglesia católica, y tu función implica gran responsabilidad. Eres responsable por el buen funcionamiento de los ministerios establecidos en la descripción de tu puesto.

Esto puede parecer demasiada presión, sobre todo si no sientes que tienes la capacitación, la educación o la experiencia adecuadas para el trabajo. Afortunadamente, una sola persona no tiene que poseer toda esa sabiduría (como nuestro estimado Obispo Kaffer lo señaló). Nosotros, como líderes catequéticos, tenemos la misión de la Iglesia como fundamento sobre el cual construir, liderar y servir en el ministerio que nos fue confiado.

La misión evangelizadora

El Papa Pablo VI, en su encíclica *Evangelii Nuntiandi* (Evangelización en el mundo contemporáneo) de 1975, menciona nuestra misión: "Evangelizar constituye, en efecto, la dicha y vocación propia de la Iglesia, su identidad más profunda. Ella existe para evangelizar" (*EN*, #14). ¡Qué simple y qué profundo! ¡Sin embargo, eso no es todo! Solo algunos años después (1979), san Juan Pablo II explicó que la catequesis es uno de esos momentos "—¡y cuán señalado!— en el proceso total de evangelización" (*Catechesi Tradendae*, #18). Tu ministerio, mi ministerio, el ministerio de todos los que hemos sido empoderados para liderar y servir en la Iglesia católica, se fundamenta en la misión evangélica de Jesucristo. Como la Palabra encarnada, Jesús vino a proclamar la Buena Nueva, la palabra de verdad divina, misericordia y salvación. Somos servidores y, como un eco, repetidores de su Palabra. (El término *catequesis* significa "eco"). La tarea que te han encomendado está, en última instancia, fundamentada en proclamar a Jesús al mundo para que todos puedan conocerlo y amarlo, y convertirse en sus discípulos en la construcción del Reino de Dios aquí, y finalmente obtener el gozo eterno en el cielo.

¡Qué maravilloso! Esa es la misión en la que participamos, sin importar cuán grande o humilde sea nuestro lugar en la Iglesia. Espero que esto pueda darte una idea del significado y la finalidad que tiene ser parte de algo tan hermoso e importante. Nada puede ser *más* importante. Una vez que comprendemos nuestra misión universal, podemos empezar a considerar maneras prácticas de planificar el éxito en nuestro ministerio en particular.

Tu función específica como líder del ministerio

Te contrataron para un puesto en particular en una parroquia (o parroquias) en particular. Puesto que cada parroquia es diferente, te desempeñas en un contexto singular del ministerio. Podrías decir que tu trabajo es único como un copo de nieve: nadie sobre la Tierra tiene un trabajo exactamente igual al tuyo. Examina con atención la descripción de tu puesto. ¿Te queda claro qué implica tu trabajo? ¿Cuáles son las áreas de la vida parroquial y el ministerio que supervisas? ¿A quién debes rendir cuentas? ¿Supervisas a otros? ¿Quiénes son los miembros de tu equipo?

Si no tienes una descripción de tu puesto, puedes empezar por crear una con el asesoramiento de otros, comenzando por tu párroco y/o supervisor inmediato. Para más ver detalles sobre cómo formular una descripción de tu puesto, consulta el libro 1 de esta serie, *Llamados por nuestro nombre*. Una vez que entiendas tus responsabilidades, estarás en posición de comenzar a imaginar cómo construir y fortalecer los ministerios que diriges. Tu visión y experiencia son bendiciones. Tu energía y pasión provienen de Dios, que vio que eras la persona indicada para esta función.

Al recordar que "ninguno de nosotros es tan inteligente como todos nosotros", querrás utilizar la extensa sabiduría de la comunidad parroquial para consultar y promover la participación. Estas consultas pueden llegar de manera informal, por medio de tu apertura explícita e implícita a las opiniones de todos los involucrados. Cada conversación es una oportunidad para escuchar cómo va todo y para evaluar cómo se podrían mejorar las cosas. Escucha con atención.

Personas involucradas y estructuras en la parroquia

Tu ministerio catequético no se lleva a cabo en el vacío. Cada parroquia es el Cuerpo de Cristo, un complejo organismo vivo con muchas partes móviles. Los involucrados son quienes tienen un interés en un ministerio o estructura de la parroquia. Ellos pueden tener impacto en esta o recibir el impacto de sus acciones. No todos los involucrados son iguales. Aquí hay algunos ejemplos de ministerios y sus involucrados:

Involucrados en los programas de educación religiosa	**Involucrados en la formación/ evangelización de adultos**
Párroco y personal	Párroco y personal
Niños y padres de familia	Feligreses a quienes se sirve directamente
Catequistas y ayudantes	Feligreses a quienes no se sirve
Feligreses	No feligreses

Algunas de estas "partes móviles" en la parroquia son en verdad canales formales incorporados en la estructura de la parroquia, como el consejo pastoral. A menudo existe un grupo de consulta más localizado —un consejo asesor catequético— para servir al líder o líderes catequéticos de una parroquia, con especial atención en el ministerio de formación en la fe. Es probable que hayas heredado un grupo así al aceptar tu puesto. Si no existe un consejo asesor, te animo firmemente a que crees uno. Explico más sobre esto en el capítulo.

Estructura de liderazgo para el ministerio catequético

Veamos un ejemplo de un consejo asesor para la educación religiosa. (Educación religiosa, o ER, para referencia en este libro quiere decir ministerio de formación en la fe de los niños). También puede llamarse "comité para la formación en la fe de los niños" u otro título, dependiendo de las particularidades de la parroquia. En la mayoría de los casos, dicho consejo o comité formará parte de una comisión más amplia de formación en la fe, que se relaciona más directamente con el consejo pastoral de la parroquia (por lo general, es a nivel de la comisión que la ER de la parroquia y la escuela católica tendrán representación compartida, junto con la formación de jóvenes y adultos. En este sentido, una comisión para la formación en la fe parroquial puede ser valiosa para crear una visión común de la catequesis en toda la parroquia).

Fíjate en el término *asesor*. En general, un consejo para la educación religiosa busca asesorar. Esto no reduce su importancia. Dialogar y consultar pueden ser estrategias de gran valor y se les debe brindar total atención. Sin embargo, las decisiones ejecutivas (que *ejecutan* un plan) se toman normalmente por el personal, por medio del párroco y el personal de la parroquia, y no por su cuerpo consultivo. Quienes participan en un consejo asesor deben comprender esto y sentirse cómodos con la situación.

Por lo general, un consejo asesor para la educación religiosa tiene algunas, o todas, de las siguientes funciones:

- participa en la planificación estratégica y la alienta (a corto y largo plazo);
- revisa las políticas;
- proporciona supervisión financiera;
- evalúa los programas;

- sirve como enlace entre el liderazgo y la parroquia y
- participa en los comités de búsqueda de líderes catequéticos cuando es necesario.

La cantidad de miembros de un consejo para la educación religiosa no es fija. Según los estudios de los grupos de trabajo, su tamaño debería ser de entre seis a diez miembros. Como coordinador o director de educación religiosa, deberás asegurarte de tener a los involucrados principales, es decir a los padres de familia y los catequistas, representados en el grupo. Si la escuela parroquial participa en este grupo, o no, afectará la representación en dicho cuerpo.

¿Qué tipo de personas queremos que sirvan en este consejo asesor? Los miembros deben:

- dedicarse a la parroquia y al ministerio en cuestión;
- ofrecer la suficiente diversidad para representar a los involucrados de la parroquia;
- tener una perspectiva informada y la voluntad de expresar sus convicciones;
- comprender que están sirviendo al bien común del ministerio en cuestión y no a sus propias motivaciones;
- poder asistir a reuniones con fiel regularidad y prepararlas con anterioridad y
- tener voluntad de hacer algo de trabajo para lograr los objetivos fijados para el ministerio.

Es importante mencionar que para servir en cualquier tipo de consejo, comité o comisión, la persona no debe anteponer sus propias necesidades y preocupaciones. Un líder catequético debe ser consciente de esto en el proceso de encontrar buenos candidatos, con la actitud adecuada, para participar en el consejo. Quienes tienen una mente cerrada o llevan sus propias motivaciones no deben postularse.

¿Los consejos hacen *trabajos*?

En teoría, los consejos asesores no hacen el "trabajo" del ministerio, *per se*. Así que el último punto de la lista podría ser optativo. Pero en mis años de servicio a líderes catequéticos parroquiales, he oído con frecuencia cuán valioso puede ser un consejo o comité que ayuda a que las cosas se lleven a cabo. Sin embargo, debes tener mucho cuidado con la cantidad de trabajo que asignas a los padres de familia, que a menudo están muy ocupados, y a los catequistas, que ya están realizando un ministerio importante. Si exiges demasiado a tu consejo, podría no durar mucho y podría ser difícil contar con las personas idóneas.

Por lo tanto, sé prudente en cómo *trabajas* tu consejo, si decides hacerlo. Presta atención a sus dones e intereses, ya que si sus responsabilidades están alineadas adecuadamente con sus dones e intereses, las personas serán más felices y eficaces.

Ingreso y salida de un consejo para la ER

No hay un método fijo para reclutar miembros que sirvan en un consejo. Muchos consejos son íntegramente designados por el líder catequético (tal vez con la opinión o la aprobación del párroco). Algunos consejos tienen miembros nombrados o elegidos por su posición —catequistas, padres de familia y otros grupos posibles—. Algunos tienen una combinación de ambos enfoques. Un período de dos a tres años, con posibilidad de renovación, permite que haya una continuidad adecuada del cuerpo sin que se genere estancamiento. Se puede despedir a una persona del consejo, pero puede causar un desequilibrio. La esperanza es que un proceso sólido de elección y/o nombramiento evitará que surja esta necesidad.

Si designas o invitas a personas a ser parte del consejo, consulta con personas que las conozcan y pide su opinión, sobre todo si llevas relativamente poco tiempo en el puesto. Evita rodearte de demasiadas personas que piensan como tú. Un consejo tiene poco valor cuando está lleno de personas que solo dicen que sí. En cambio, busca personas idóneas y talentosas que brinden una diversidad de experiencias, perspectivas y conocimientos. El desacuerdo e, incluso, cierta medida de conflicto son saludables para cualquier grupo. Si a tu consejo le falta experiencia en ciertas áreas, como tecnología o marketing, considera la opción de buscar algún buen candidato que pueda contribuir con esos conocimientos.

Crear una visión

Antes de que el consejo se enfoque en el trabajo de planificar, asesorar y aceptar posibles tareas, debería concentrarse en crear una visión del trabajo. Tener una visión significa alejarse de los temas específicos que requieren atención ("¿Debemos añadir un nuevo vigilante para el corredor?" o "¿Vamos a usar una colección de libros nueva para la secundaria el próximo año?"), y mirar las cosas desde diez mil pies. . . ¡o incluso treinta mil pies de distancia!

Los consejos eficaces se mantienen conectados con el panorama general de por qué existe el ministerio de educación religiosa. (Busca en el inicio y verás que es la primera pregunta importante de Lencioni). Un consejo o comisión siempre debe tener presente que el programa de educación religiosa (y la escuela y todos los demás ministerios) es una extensión de la parroquia y sirve, básicamente, a la realización de la misión de la Iglesia, desde la que fluye todo lo demás. Al entender este contexto más amplio, un consejo, comisión o comité estará preparado para forjar con devoción una declaración de la visión de su ministerio.

Mientras que una declaración de misión expresa *por qué* existe un negocio o institución (para quién y para lograr qué beneficio), una declaración de principios incluye su alcance deseado y resultados orientados al futuro.

Ejemplo de declaración de misión: La parroquia San José existe para evangelizar y proclamar la Buena Nueva de Cristo para que todos podamos vivir el amor y la misericordia de Dios, y de ese modo el mundo pueda asemejarse al Reino de Dios.

Ejemplo de declaración de principios: La formación en la fe de la parroquia San José ayudará a las familias de su programa a enamorarse de Jesús y a vivir su amor más profundamente cada año mediante la participación en:

- oportunidades de catequesis,
- oportunidades de servicio,
- conversaciones de fe en familia y
- la vida de la parroquia, sobre todo la liturgia.

Las declaraciones de principios buscan responder a las siguientes preguntas:

1. ¿Qué queremos hacer en el futuro? (proyecta varios años en el futuro)
2. ¿Cuándo sucederá esto?
3. ¿Cómo sucederá?

A continuación se incluyen más consejos sobre cómo formular una declaración de principios:

- Debe ser breve, específica, sencilla, cuantificable y ambiciosa.
- Comienza indicando con mucha claridad qué es lo que el programa catequético "hace" y luego añade tu ángulo particular del resultado que estás buscando.
- Piensa en qué se necesita cambiar, qué problema(s) se deberá(n) abordar y por qué.
- Si bien la declaración de principios debe ser ambiciosa, asegúrate de que no sea tan idealista como para que no pueda lograrse nunca. En otras palabras, describe cómo se verá el "éxito".
- Asegúrate de que todas las personas que la usen como guía puedan recordarla y explicarla con facilidad.

Imagina que eres parte de un gran equipo de remo en el mar. Si todos reman con un punto fijo en el horizonte como destino de referencia, será más fácil para el capitán orientar (y mantener) el bote en la dirección correcta. Una declaración de principios puede servir como punto de referencia hacia donde debe dirigirse este ministerio.

Formación continua para los miembros del consejo asesor

Crea experiencias de oración de calidad como parte de cada reunión del consejo asesor. (El capítulo 8 analiza más a fondo este tema). Anima a tu consejo a que participe en programas de formación continua que incluyan explorar la teología, la espiritualidad y la pedagogía, además de temas culturales afines (como la era de medios de comunicación digitales y las dinámicas de la familia moderna). Integra retiros especiales y experiencias de formación para los miembros dentro del ritmo del año, tanto para mejorar su servicio al consejo como para bendecirlos por ser las personas que son. Entre las muchas maneras de mostrar aprecio a tus confiables asesores está ayudarlos a crecer en su conocimiento de la fe católica y a vivir el amor de Cristo en su propia vida.

Resumen: vayan y hagan discípulos

Vayan y hagan discípulos entre todos los pueblos. . . (Mt 28:19)

Una organización con visión hace las preguntas correctas. Como ministros de la Iglesia, la pregunta "¿Por qué existimos?" ya ha sido respondida por nosotros: para ir y hacer discípulos entre todos los pueblos. Las cuestiones específicas de nuestra visión como líderes catequéticos deben trabajarse en el contexto particular de cada parroquia, pero todas (incluso la descripción de tu puesto) deben estar dirigidas a este objetivo y discernirse en comunidad. Confiar en un consejo asesor muestra que eres un líder catequético que reconoce que "ninguno de nosotros es tan inteligente como todos nosotros".

Para reflexionar y conversar

- ¿Qué dones te ha dado Dios para usar al servicio de tu parroquia? ¿Qué dones no tienes y deberías buscar en otras personas para que sean parte de tu ministerio?
- Hacer discípulos, en especial entre todos los pueblos, es algo que requiere trabajo en equipo y una visión compartida. ¿Tienes un órgano asesor que te ayude? ¿Realmente valoras sus opiniones y su ayuda, o generalmente te encuentras deseando poder "hacerlo tú mismo"?

Madurar como líder catequético

El *Directorio Nacional para la Catequesis* nos recuerda que "cada parroquia necesita desarrollar un plan catequético coherente que integre los diversos componentes del programa general y proporcione oportunidades para que todos los fieles oigan el mensaje del Evangelio, lo celebren en oración y en la liturgia y lo vivan en su vida diaria" (#60A). Como en el ejemplo del capitán del equipo de remo, ¿tienes idea de hacia dónde estás dirigiendo el ministerio catequético de tu parroquia? ¿Cómo llegarás allí? ¿Qué y quién te ayudará a desarrollar esa idea con más claridad?

El líder catequético eficaz

CONFERENCIA NACIONAL LIDERAZGO CATEQUÉTICO

LOYOLAPRESS.

¿Quién es parte de tu consejo asesor?

Ya que "ninguno de nosotros es tan inteligente como todos nosotros", contar con un consejo de asesores comprometido es importante para el liderazgo. ¿Cuentas con un consejo de asesores? ¿Cómo es la calidad que aportan los miembros en tu consejo? ¿Qué dones y perspectivas están representados? ¿Existe un sentido de visión?

Dedica algunos minutos para evaluar a tu consejo actual, miembro por miembro y de manera colectiva. Haz copias adicionales de este formulario si es necesario. Considera cómo fortalecer tu consejo actual. (También puedes utilizar este formulario para mencionar y considerar candidatos potenciales para incluir en el consejo en el futuro).

Cualidades de un miembro del consejo de asesores	Nombres de los miembros del consejo		
Representación Observa a qué grupo de involucrados representa (padre/madre, catequista, feligrés, escuela, personal, grupo étnico, etcétera).			
Área de conocimiento Observa cualquier área de entrenamiento, conocimiento o perspectiva singular que esta persona aporta al consejo (antecedentes educativos, tecnología, promoción).			
Evalúa el nivel de cada miembro en los siguientes aspectos:			
Dedicación en la parroquia y en este ministerio	1 2 3 4 5	1 2 3 4 5	1 2 3 4 5
Perspectiva fundamentada, sentido de visión	1 2 3 4 5	1 2 3 4 5	1 2 3 4 5
Predisposición para expresar convicciones	1 2 3 4 5	1 2 3 4 5	1 2 3 4 5
Sentido de servicio al bien común y no a sus propios intereses	1 2 3 4 5	1 2 3 4 5	1 2 3 4 5
Asistencia constante a las reuniones y realización de sus trabajos de preparación	1 2 3 4 5	1 2 3 4 5	1 2 3 4 5
Predisposición/disponibilidad para trabajar en proyectos	1 2 3 4 5	1 2 3 4 5	1 2 3 4 5
Discipulado Tu visión sobre el discipulado intencional y la formación continua de esta persona			
Plan de crecimiento Cómo podrías ayudar a esta persona a desarrollarse como miembro colaborador del consejo			

Excelencia en el ministerio: las mejores prácticas para un liderazgo catequético exitoso — Capítulo 1

Visita www.loyolapress.com/lce para acceder a la hoja de ejercicios.

Acción sugerida

Reserva algún tiempo esta semana para reflexionar sobre las seis preguntas de Patrick Lencioni (página 2) para tu ministerio. Luego, piensa en los miembros de tu consejo asesor (o a quiénes podrías invitar para comenzar un consejo) y los dones/perspectivas que cada uno ofrece al grupo. Después, crea un plan sencillo para invitar a tu consejo a reflexionar sobre estas mismas preguntas y compartir sus ideas.

Recursos adicionales

En español

Conferencia de Obispos Católicos de los Estados Unidos: *Directorio Nacional para la Catequesis*. Washington, DC, 2005.

Congregación para la Evangelización de los Pueblos: *Guía para los catequistas*. San Pablo, 1993.

Ospino, Hosffman: *Evangelización y catequesis en el ministerio hispano*. Liguori Books, 2013.

Pujol Balcells, Jaime y Bielsa, Jesús Sancho: *Curso de catequesis*. EUNSA, 2005.

En inglés

The Advantage: Why Organizational Health Trumps Everything Else in Business [La ventaja: por qué la salud organizativa es superior a todo lo demás en la empresa]. Patrick Lencioni (San Francisco: Jossey-Bass, 2012).

Fostering Leadership Skills in Ministry: A Parish Handbook [Promover las habilidades de liderazgo en el ministerio: un manual parroquial]. Jean Marie Hiesberger (Liguori, MO: Liguori Publications, 2012).

Mission and Vision Statement Workbook [Libro de actividades para la declaración de misión y de visión]. Rev. Jessica Crane Munoz (CreateSpace Independent Publishing Platform, 2016).

Vatican Council II: Constitutions, Decrees, Declarations [Concilio Vaticano II: constituciones, decretos, declaraciones]. Austin Flannery, ed. (Northport, NY: Costello Publishing, 1996).

2

Planificar y evaluar los ministerios catequéticos

Planificar para ser espontáneos

Algunos de nosotros planificamos de manera meticulosa y a otros nos gusta ir resolviendo las cosas sobre la marcha. ¿Qué perspectiva te describe mejor? Digo "te describe *mejor*" porque pocos estamos en un extremo o en el otro. Sin lugar a dudas este es mi caso.

Luego de pasar años imaginando una aventura y planificando un largo viaje "haciendo del viaje mi destino", finalmente decidí emprender camino en el verano de 1999, sin estar seguro de cuál sería el resultado. El plan era ser espontáneo (obsérvese la ironía). Durante seis meses, seguí un semi-itinerario. Mis frecuentes esfuerzos de planificación me permitieron ser intuitivo, con la libertad de escuchar un poco mis instintos cuando debía tomar decisiones sobre el viaje. Tener la flexibilidad de corregir el curso mientras avanzaba era parte del plan y además me dio claridad y libertad. (Este viaje también me dio el espacio mental para explorar y discernir de manera creativa el llamado de Dios a hacer del liderazgo catequético la vocación de mi vida).

En este ejemplo puedes ver que estoy en el medio, entre un fanático del control y un *hippie* moderno. Y la lección aquí para el liderazgo catequético es, en mi opinión, que se necesita tanto un plan como la flexibilidad de ajustarse según lo requieran las circunstancias. Una buena planificación nos libera en lugar de restringirnos.

Planificación y cambio constante

Demasiadas parroquias y demasiados programas catequéticos parecen funcionar en piloto automático. A esto lo llamo "mantener la puntualidad de los trenes". Este funcionamiento puede justificarse en los momentos en los que las cosas van bien o si apenas estás comenzando. Pero pronto sobrevendrá la inercia. Se dice que san Ignacio advirtió: "El que no mejora, empeora". Otra manera de decirlo es que si nos quedamos quietos, el mundo nos pasará de largo. La planificación, esperamos, nos ayuda a mantenernos en movimiento hacia una dirección coherente y razonada.

No temas al cambio. Por el contrario, acéptalo. Todo cambia todo el tiempo, nos guste o no. ¡El único lugar donde podemos huirle al cambio es en el cementerio! Ser parte de grandes iniciativas humanas, como fomentar la relación entre Dios y las personas (la gran iniciativa catequética), implica un grado de rendición y de valiente apertura a la dinámica inevitable del *cambio*.

No te sientas intimidado por la necesidad de planificar sino, al contrario, siente entusiasmo. No estás solo cuando comienzas a planificar con tu párroco y tus colegas, tu consejo y tal vez el consejo pastoral de la parroquia; incluso, con líderes catequéticos de otras parroquias. La planificación te ayudará a aprovechar tu conocimiento, pasión y creatividad mientras te vas preparando para lo que vendrá. Estarás preparando tu ministerio para el éxito.

La buena planificación tiene en cuenta el cambio que ya está ocurriendo e intenta anticipar el cambio que está en el horizonte. Somos llamados a ser líderes agentes del cambio y planificadores responsables, es decir, atentos a los detalles y visionarios, estructurados y flexibles, que ven el cambio como una *oportunidad* y no como el enemigo.

El enfoque de la planificación en los Evangelios

¿Qué pensaba Jesús sobre la planificación? Por momentos, Jesús enseña de una manera que claramente apoya la planificación prudente. La parábola de las diez vírgenes (Mateo 25:1–13) elogia a cinco muchachas que llevaron a una boda suficiente aceite para que durara toda la noche, al mismo tiempo que castiga a las que no estaban preparadas. Por otro lado, en la parábola del rico insensato (Lucas 12:13–21), Jesús condena a un terrateniente por pensar que asegurará su futuro construyendo graneros más grandes para llenarlos con su abundancia.

Tal vez el mensaje es que Jesús quiere que usemos los dones de la razón y la previsión al servicio de nuestra relación con Dios y la construcción del Reino de Dios. Sin embargo, debemos tener cuidado de nunca desarrollar un sentido de autonomía de la gracia que nos sustenta ni de independencia del Espíritu Santo que debe dirigir nuestros esfuerzos.

Planificar pensando en el resultado

¡Muy repetido, pero muy cierto! Planificar pensando en el resultado. ¿Y cuál es el objetivo del ministerio catequético? San Juan Pablo II lo dice de manera muy concisa: "El fin definitivo de la catequesis es poner a uno no sólo en contacto sino en comunión, en intimidad con Jesucristo" (*Catechesi Tradendae*, #5).

Todos nosotros, como líderes catequéticos, recibimos una misión común y se nos encomienda discernir el modo de llevarla a cabo en nuestra función particular y contexto singular. Este es el punto de partida correcto. Nuestra Iglesia nos da más indicaciones sobre las cuales basar nuestra planificación. El *Directorio General para la Catequesis (DGC)* y el *Directorio Nacional para la Catequesis* son dos obras fundamentales para cualquiera que esté en el liderazgo catequético. No solo deben estar en nuestros estantes, sino que también deben utilizarse en nuestro liderazgo. (Estos y otros documentos catequéticos clave se tratan en profundidad en el libro *Formar discípulos de Cristo* de la serie *El líder catequético eficaz*. En el *DGC* encontramos un importante conjunto de mandatos de lo que debe lograr nuestro ministerio de formación en la fe. Se los conoce como las "Seis tareas de la catequesis":

1. El conocimiento de la fe
2. La liturgia y los sacramentos
3. La formación moral
4. La oración
5. La vida en comunidad
6. El espíritu misionero

Es importante tener en cuenta estas seis facetas de nuestro ministerio al planificar un ministerio o programa. Ya sea que supervisemos un ministerio de formación en la fe de niños, jóvenes o adultos, o que participemos del ministerio de iniciación o de la formación en la fe para personas con necesidades especiales, las seis tareas de la catequesis sirven de marco para la planificación.

De lo más grande a lo más pequeño: planificar en un contexto

Cuando de planificar se trata, existe la planificación a largo plazo, que puede extenderse hasta cinco años, y la planificación a corto plazo, con miras al año siguiente. Ambas tienen su función en el ministerio catequético.

La planificación a largo plazo debe realizarse con la mirada puesta en la visión de la diócesis y de la parroquia. Consulta con la oficina catequética de tu diócesis para obtener información proveniente de tu obispo sobre la visión, las prioridades y cualquier tipo de iniciativa que haya en el horizonte para la diócesis. En cuanto a tu parroquia, el consejo pastoral debería desarrollar y comunicar una visión y un plan globales en colaboración con tu párroco. Participa plenamente en la conversación con el personal de la parroquia. Un personal eficaz tiene reuniones regularmente en las que la experiencia de sus miembros puede captar la visión del párroco y del consejo pastoral de la parroquia, y traducir la misión evangelizadora de la Iglesia en una estrategia a largo plazo para la parroquia.

¿Hacia dónde se dirige tu parroquia? Me gusta decir que una parroquia que funciona bien camina con dos piernas, la de la estructura de liderazgo (consejo pastoral y comisiones) y la del personal parroquial. Si una de esas piernas está enferma, la parroquia cojea. Si una de las piernas queda inmovilizada, la parroquia va en círculos. Para que una parroquia pueda llegar a algo importante, tanto la estructura de liderazgo como el personal deben estar no solo en movimiento sino en movimiento *coordinado*. Por lo tanto, es vital que haya oportunidades de interacción entre la estructura de liderazgo y el personal de la parroquia. Es aquí donde el diálogo puede llevar a la confianza y al entendimiento, y donde puede generarse la polinización cruzada.

Tanto el personal como el consejo pastoral de la parroquia deben tener una idea clara del lugar y de la función del otro. Como resultado de esta colaboración, se puede establecer un sentido de dirección más amplio para la parroquia, que el personal puede comenzar a implementar. Aquí se enumeran algunos elementos básicos para una planificación catequética constructiva:

- Adopta una actitud de esponja: escucha y aprende continuamente.
- Crea un consejo (o comité o comisión) de formación en la fe que funcione bien.
- Entiende quién eres como líder y cómo encaja tu estilo con la “cultura” de la parroquia y con el resto del personal parroquial.
- Participa en conversaciones sobre el panorama general con las estructuras de liderazgo y el personal de la parroquia.

Recuerda, el ministerio de formación en la fe es un elemento de la vida más amplia de la parroquia. Mantenerte alineado correctamente con la visión de la parroquia y su dirección estratégica es de vital importancia. Cualquier visión y objetivos catequéticos deben estar en sintonía con los de la parroquia, o al menos no deben tener propósitos contrarios.

Algunas parroquias tienen muy poco personal y otras, o no tienen estructuras de liderazgo o las estructuras no son eficaces. Si en tu iglesia hay un vacío en la dirección y planificación parroquial, significa que tienes más lienzo en blanco para pintar una visión para el ministerio de formación en la fe. La planificación que realizarás implica una mayor responsabilidad y también una mayor oportunidad de que, tal vez, tu visión y tu planificación catequéticas puedan servir como impulso para la dinámica general de la parroquia. Con estos elementos iniciales en su sitio, veamos la planificación catequética a mayor profundidad.

Entender los términos de la planificación

Ya hemos analizado la misión y los principios en el capítulo 1. Ahora es un buen momento para hablar sobre algunos componentes específicos de la planificación, es decir, el establecimiento de metas, objetivos, estrategias y tácticas. Así los definimos aquí:

- Metas:
    - tienen un objetivo principal amplio y
    - deben ser pocas en cantidad, tal vez dos a tres metas a la vez.
- Objetivos:
    - son pasos cuantificables hacia el cumplimiento de una meta y
    - ayudan a evaluar el éxito.

- Estrategias:
  - son métodos para lograr un objetivo.
- Tácticas:
  - son un conjunto de actividades específicas que ponen en práctica una estrategia y
  - son acciones pequeñas y específicas que pueden ser numerosas y variadas.

Caso práctico: Ministerio de jóvenes adultos y pequeños grupos de fe durante la Cuaresma. Para ayudar a explicar estos términos como conceptos dentro de la planificación, aquí hay un ejemplo de cómo podrían funcionar en una parroquia:

- *Meta:* Aumentar la participación de jóvenes adultos en la formación en la fe.
- *Objetivo:* Lograr un aumento del 25 por ciento en la participación de jóvenes adultos en determinadas áreas (pequeños grupos de fe durante la Cuaresma, el programa *Theology-on-Tap* [Teología a tu disposición], experiencias en misiones, etcétera).
- *Estrategia:* (para los pequeños grupos de fe durante la Cuaresma): Promoción más eficaz.
- *Tácticas:* Promoción con anticipación, incluyendo anuncios en todas las comunicaciones de Adviento/Navidad.
- Mejor promoción incluyendo el uso de colores, diseños y fotografías.
- Promoción intensiva utilizando todos los medios habituales de la parroquia pero con mayor frecuencia.
- Promoción dirigida con medios que lleguen específicamente a los jóvenes adultos, incluyendo:

- Colocar volantes en cafés, bares y otros lugares de encuentro de los jóvenes.
- Hacer publicidad en la radio local y el periódico de la comunidad.
- Publicar anuncios en Facebook con diseños que atraigan a los jóvenes adultos.
- Pedir a los feligreses jóvenes adultos que inviten a amigos, vecinos y compañeros de trabajo.

Aquí, nuevamente, debemos planificar pensando en los resultados. En el ejemplo anterior, la finalidad no es solamente tener más jóvenes adultos en los eventos y actividades de la parroquia. La finalidad, la misión que debe conseguirse con esta planificación, es fomentar una conversión profunda y duradera a Jesucristo, en este caso en los jóvenes adultos dentro y fuera de la parroquia. El ministerio de pequeños grupos de fe durante la Cuaresma es un medio para lograr la meta (aumentar la participación de jóvenes adultos), una meta desarrollada a partir de la misión de la Iglesia universal y al servicio de dicha misión.

El ministerio de pequeños grupos de fe durante la Cuaresma no solo es un medio para esta finalidad, sino que también lo es la parroquia en sí. Debemos recordar que todas las estructuras institucionales de la Iglesia, entre ellas la parroquia, no son finalidades en sí mismas sino medios. Suele ser un riesgo del oficio de todos los que servimos en la Iglesia perder esto de vista. Cualquier entidad que funciona como si su perpetuidad fuera la razón de su existencia está condenada a fracasar. Tener en cuenta la misión es la clave para el éxito de cualquier compañía o institución.

A menudo recuerdo las palabras de un difunto amigo y colega, Russell Peterson: "No confío en nadie que habla más sobre la Iglesia que sobre Jesús". Porque para la Iglesia católica, ¡la misión es Jesucristo! Planifica con esta finalidad en mente.

El seguimiento continuo es importante al comenzar un programa. Es una buena idea colocar las metas, los objetivos, las estrategias (y posiblemente las tácticas) en algún lugar visible de tu oficina como recordatorio para repasarlas y seguir su progreso. Considera la opción de proporcionar algo similar para los demás miembros clave del equipo. El progreso continuo debe ser un tema periódico de las reuniones de equipo. Elogia el progreso, aplaude el esfuerzo y pide rendición de cuentas que responsabilice a cada quien (¡de manera benévola!) para mantener las cosas en su curso con respecto a los objetivos, los calendarios y el presupuesto.

No olvides evaluar

Teniendo en cuenta el caso práctico mencionado previamente, concentrémonos en la evaluación de los pequeños grupos de fe durante la Cuaresma. Si tienes datos de los rangos de edad de los participantes en este ministerio del año anterior y del posterior a la creación de esta meta, podrás calcular con facilidad la variación en el porcentaje de participación de jóvenes adultos en el ministerio de pequeños grupos de fe durante la Cuaresma. Luego, esta variación en el porcentaje se puede comparar con el objetivo fijado para el aumento de la participación de los jóvenes adultos en la parroquia. Los datos también pueden revelar su patrón de asistencia a las sesiones durante el curso de la Cuaresma y ofrecer otras mediciones estadísticas.

Además de los datos fidedignos, existen medios cualitativos para medir el éxito de un esfuerzo. ¿Qué comentarios hicieron los jóvenes adultos (formalmente de manera escrita o como anécdota) sobre la experiencia en el grupo de fe? ¿Cómo describirían los líderes de grupo el nivel de participación de los jóvenes adultos durante las sesiones? ¿Qué cantidad de jóvenes adultos, si fueron invitados, aceptaron dirigir un grupo el año próximo? ¿Cambió la participación de los jóvenes adultos en la parroquia? ¿Cómo?

Algunas diócesis (como la de San Diego, California, y Lafayette, Indiana) ofrecen instrumentos de evaluación para los programas catequéticos de la parroquia, así que asegúrate de contactar a tu oficina local. Asimismo, *Information for Growth: Assessment of Children/Youth Religious Education* (IFG/ACRE) [Información para el crecimiento: evaluación de la educación religiosa de niños/jóvenes] de la *National Catholic Education Association* [Asociación Nacional para la Educación Católica] es un recurso útil para evaluar el programa de educación religiosa de una parroquia. Para obtener más información, visita www.ncea.org.

Imaginar grandes posibilidades

Es importante iniciar cualquier planificación con un conocimiento de los parámetros y las limitaciones de una parroquia. Al final, la planificación debe estar ligada a la realidad. Sin embargo, no comiences la planificación con todos los límites y restricciones que tú y el consejo de formación en la fe tienen por delante. Considerando el estado en que se encuentran muchas parroquias, si lo haces desalentarás a la mayoría.

En lo personal, me encantan las preguntas del tipo *qué tal si* y *por qué no*. Sugiero comenzar el proceso de planificación con un cielo azul de posibilidades en lugar de una tinta roja de imposibilidades. Tal vez puedas crear una experiencia de mini-retiro: un día en el que la planificación pueda llevarse a cabo en un ambiente relajado lejos de la parroquia y en un contexto de oración. Una experiencia así será propicia para imaginar qué *debería* suceder para servir a la misión de la Iglesia y a la visión de la parroquia. Dedica tiempo a ese optimista y emocionante abanico de posibilidades antes de apresurarte a girar hacia lo que *puede* realizarse.

Fuego sagrado que ilumina el horizonte

La esperanza es uno de los mayores valores que puede tener una parroquia. Sin embargo, con demasiada frecuencia veo a líderes parroquiales, agobiados por el peso de años de lucha contra el debilitamiento de sus programas, que han perdido su capacidad de ver más allá de la reducción de presupuesto y la disminución de feligreses. No te permitas ser así. Sirve bien a tu parroquia luchando contra una cultura de desesperanza y parálisis donde la encuentres, ya sea en el personal, en las estructuras de liderazgo o en los feligreses. A veces la llama de la esperanza necesita ser encendida nuevamente antes de que pueda realizarse cualquier planificación para el futuro. Tú puedes encender esa llama.

Por supuesto, el encendedor supremo de fuegos es el Espíritu Santo. Toda visión y planificación deben darse en un contexto permanente de apertura al Espíritu Santo, el animador de la gracia, la verdad y la esperanza entre nosotros. No comiences las reuniones simplemente con una oración. Crea una campaña de oración que invite a los feligreses a rezar por la venida abundante del Espíritu Santo para que guíe al equipo en la planificación y toma de decisiones. Comienza la oración reconociendo que el Espíritu Santo está entre nosotros; luego todo lo que debemos pedir es estar abiertos a los abundantes dones del Espíritu, entre ellos la sabiduría, la paciencia, la ciencia y el valor. La guía de Dios ya está entre nosotros porque el Espíritu Santo habita con nosotros y nos prepara para nuestro trabajo, que es algo sagrado.

El ritmo del calendario de actividades de una parroquia

¿Cuándo debería comenzar a planificar para el año siguiente un líder catequético? Primero, ¿cuándo comienza el año de tu parroquia? Descubrí que muchas parroquias comienzan su año fiscal el 1 de julio. Si este es el caso, probablemente sea necesario preparar una propuesta de presupuesto para entregarla en enero. Es probable que muchos tengan poco poder de decisión respecto al desarrollo del presupuesto o que ni siquiera tengan un presupuesto. Considera la opción de hablar de esto con tu párroco o administrador de finanzas. No tengas miedo de defender lo que necesitas para fortalecer y desarrollar los ministerios para los que te contrataron.

El año académico comienza alrededor del 1 de septiembre. Muchos, si no la mayoría, de los ministerios de formación en la fe en una parroquia consideran esta su fecha de inicio, cuando las familias regresan de las vacaciones de verano y cuando la parroquia se prepara para el Domingo Catequético. La planificación para realizar cambios importantes de paradigma en un programa de educación religiosa, por ejemplo, debe encaminarse con un año o más de anticipación. No intentes, por ejemplo, cambiar de un modelo escolar de salón de clases a un modelo de formación familiar en ocho meses o menos.

Incluso un cambio de moderada envergadura, como cambiar el día en el que se reúne el grupo de educación religiosa, debe planificarse meses antes de su implementación. Por muy entusiasmados que estén los demás y tú por realizar cambios positivos en los ministerios de formación en la fe, es mejor tener suficiente tiempo para elaborar un proceso de discernimiento e implementación. Los cambios siempre son más desordenados y requieren más tiempo que el esperado. Es importante hacer una buena planificación e implementar el cambio de manera eficaz en lugar de hacerlo rápido. Una implementación exitosa del cambio generará confianza en tu liderazgo para un futuro cambio.

Los diferentes ministerios de formación en la fe tienen ritmos distintos en el año. Los ministerios para jóvenes y jóvenes adultos suelen tener un verano relativamente activo, mientras que los programas de formación en la fe para niños tienden a ser menos activos durante el verano (con excepción de la Escuela Bíblica de Vacaciones). El ministerio de formación en la fe para adultos está menos atado al año académico y, por lo tanto, puede fluir de manera ideal en armonía con el calendario litúrgico. El ministerio de catecumenado también puede seguir todo el año y debería circular con el calendario litúrgico.

Un consejo práctico es trabajar según el sistema de calendarización que se usa en tu parroquia. Ubica las sesiones, eventos y reuniones en el calendario principal lo antes posible. Los líderes del ministerio para niños querrán organizar la agenda para coincidir con la escuela católica, si es que hay una en la parroquia. También puedes obtener información sobre el calendario de los distritos de escuelas públicas locales antes de planificar las actividades.

El consultor y escritor catequético Joe Paprocki creó un recurso práctico para ayudar a los directores y coordinadores a llevar el control del ritmo de un programa de educación religiosa para niños. Tomando prestado del libro de Thomas McKenna *Through the Year with the DRE: A Seasonal Guide for Christian Educators* [Todo el año con el director de educación religiosa: guía de tiempos para los educadores cristianos] (ahora fuera de circulación), Joe organiza la lista mensual de responsabilidades que tienen los directores y coordinadores de educación religiosa. Puedes acceder a este útil recurso en inglés en el blog de Joe, www.catechistsjourney.com, ingresando las palabras de búsqueda en inglés "*through the year with the DRE*". Recuerda, sin embargo, que cada parroquia es diferente y que no hay un molde para todos los programas de formación en la fe.

Resumen: el Señor dirige los pasos

El hombre planea su camino, el Señor le dirige los pasos. (Prov 16:9)

La planificación es una responsabilidad del buen liderazgo. Pero no debemos caer en la trampa de pensar que una buena planificación es igual a "lo que yo quiero que suceda". Por el contrario, es necesario involucrar a otros y escuchar bien, en especial al Espíritu Santo. En un mundo en constante cambio, podemos fijar metas y ser estratégicos. Sin embargo, nuestros planes también tienen que ser flexibles.

Para reflexionar y conversar

- ¿Le temes al cambio? ¿A qué cambio y por qué?
- Las parroquias pueden resistirse al cambio y ser reacias al riesgo. ¿Cómo puedes ayudar a que tu parroquia cree una cultura de apertura a un horizonte de posibilidades y crecimiento?
- ¿Has estudiado la cultura de tu parroquia? ¿Sientes que le estás tomando el pulso, que percibes sus necesidades verdaderas y su potencial?

Madurar como líder catequético

Lee el excelente libro del padre James Mallon *Divine Renovation* [Renovación divina], que inspira y acompaña a los líderes en su planificación para la renovación pastoral. Piensa en cómo aplicar su sabiduría (y la de la subsiguiente *Divine Renovation Guidebook* [Guía para la renovación divina]) a tu ministerio y a la vida general de la parroquia.

Visita www.loyolapress.com/lce para acceder a la hoja de ejercicios.

El líder catequético eficaz

CONFERENCIA NACIONAL LIDERAZGO CATEQUÉTICO

LOYOLAPRESS.

Estructura de planificación

La planificación será una parte importante de tu liderazgo catequético. Utiliza esta hoja de actividades para comenzar a imaginar las posibilidades y a expresarlas luego en objetivos alcanzables y estrategias prácticas que combinen misión con visión. Imprime cuantas copias necesites para tus objetivos. Esto es solo una plantilla; modifícala para adaptarla a tu situación. ¡Diviértete en el proceso!

Declaración de misión de la parroquia:
(***El porqué*** de la existencia de la parroquia, para quiénes y para qué beneficio. Toda declaración de misión parroquial debería consistir en proclamar la Buena Nueva del Señor Jesucristo para evangelizar al mundo. Ver capítulo 1).

Declaración de visión del ministerio:
(***Qué*** resultados busca el ministerio para el futuro. ***Cuándo*** y cómo ocurrirá todo esto. Ver capítulo 1).

Meta: (Un resultado principal amplio).

Objetivo: | **Objetivo:** | **Objetivo:**
(Paso mensurable para alcanzar la meta).

Estrategia: | **Estrategia:** | **Estrategia:** | **Estrategia:** | **Estrategia:** | **Estrategia:**
(Método para alcanzar el objetivo).

Tácticas: | **Tácticas:** | **Tácticas:** | **Tácticas:** | **Tácticas:** | **Tácticas:**
(Pequeñas, variadas y múltiples acciones para implementar la estrategia).

Excelencia en el ministerio: las mejores prácticas para un liderazgo catequético exitoso — Capítulo 2

Acción sugerida

Organiza un "día de retiro" informal para tu personal y/o consejo asesor (en un lugar tranquilo y alejado, con abundante café y buena comida). Comiencen a imaginar juntos cómo se puede manifestar el Reino de Dios en su parroquia y disciernan algunas metas sencillas para lograrlo.

Recursos adicionales

En español

Casalá, María Inés y Pisano, Juan Carlos: *Catequesis, una cuestión de enfoque*. Buenos Aires, Argentina: Editorial San Pablo.

D´Souza, Anthony: *Cómo ser un líder*. Viladecavalls, España: Editorial Clie, 2009.

Ginel, Álvaro: *Repensar la formación de catequistas*. Madrid, España: Editorial CCS, 2012.

Salesman, Eliecer: *Manual de predicadores y catequistas. 400 consejos prácticos*. Colombia: Editorial San Pablo, 2014.

En inglés

Divine Renovation: Bringing Your Parish from Maintenance to Mission [Renovación divina: lograr que tu parroquia pase del mantenimiento a la misión]. James Mallon (New London, CT: Twenty-Third Publications, 2014).

Divine Renovation Guidebook: A Step-by-Step Manual for Transforming Your Parish [Guía para la renovación divina: un manual paso a paso para transformar tu parroquia]. James Mallon (New London, CT: Twenty-Third Publications, 2016).

Fostering Leadership Skills in Ministry: A Parish Handbook [Promover las habilidades de liderazgo en el ministerio: un manual parroquial] Jean Marie Hiesberger (Liguori, MO: Liguori Publications, 2008).

Growing an Engaged Church [Desarrollar una Iglesia comprometida]. Albert L. Winseman (The Gallup Organization, 2006).

Leading Change. [Liderando el cambio]. John P. Cotter (Boston: Harvard Business Review, 2012).

A Practical Guide to Needs Assessment [Una guía práctica para la evaluación de necesidades]. 3.a ed. Catherine M. Sleezer, Darlene F. Russ-Eft, Kavita Gupta (Pfeiffer Publishing, 2014).

3

Encajar en las estructuras de la Iglesia

Ingresar a una cultura establecida

Encajar no siempre es fácil. Piensa en las veces que te adentraste en lo desconocido. ¿Cómo fue la experiencia de empezar en una nueva escuela? ¿O mudarte a otro vecindario? Si bien es verdad que donde dos o más se reúnen Dios está presente, también es cierto que donde dos o más se reúnen, hay una cultura establecida. . . al igual que la política que la acompaña. Nos corresponde a nosotros, como personas nuevas en un entorno, aprender las reglas de pertenencia y cumplirlas, al menos al principio. Digo esto incluso si las reglas de pertenencia son disfuncionales y la cultura no es precisamente ideal, porque es poco probable que una persona que recién ingresa a cualquier estructura social pueda cambiarla inmediatamente.

Hay mucho en juego para quienes están acostumbrados a la cultura existente, y la resistencia al cambio puede ser enorme. Esto no quiere decir que, de repente, los nuevos miembros del personal de una parroquia pierdan sus convicciones y su derecho a expresarse. Pero sé inteligente, prudente y humilde, sobre todo al principio.

Mi propia curva de aprendizaje

Cuando tenía 28 años me sumé al personal de una parroquia muy grande en los suburbios, pero no tenía la sabiduría que tengo ahora. Me esforzaba, por supuesto, por reconocer la experiencia y el conocimiento de mis nuevos colegas y, a menudo, me ajustaba a ellos. Me aseguraron que era un miembro pleno del personal y que debía participar activamente en las deliberaciones, pero cometí el error de creerlo verdaderamente.

Las reuniones de personal fluían con cierta tranquilidad, y me invitaban a expresar mi opinión y a ofrecer ideas sobre nuevas maneras de funcionar como parroquia. Sin embargo, pronto aprendí que había personalidades establecidas, un orden de jerarquías oculto y hasta enemistades y alianzas. Mi estilo del tipo "lo que ves es lo que hay" no me sirvió de mucho, y a menudo me encontré abatido una vez. . . y otra vez. . . y otra vez. Me llevó todo un año darme cuenta de que debía retroceder, seguir aprendiendo sobre la cultura del lugar y ganarme mi lugar con el tiempo. Ojalá alguien me hubiera dicho eso al comienzo.

Al recordar esta experiencia, no tengo quejas ni resentimientos. Realmente me sentí bendecido en mis años como parte de ese personal, y aprendí mucho en el camino. Pero es bueno que cualquier líder catequético principiante, o uno que ingresa a una nueva parroquia, reconozca que siempre hay un subtexto, una dinámica bajo la superficie. Nada es realmente lo que parece. Si bien puede parecer desagradable, es la realidad. Las parroquias no son lugares exentos de las peculiaridades de la condición humana.

Ingresar con humildad y sabiduría

Cada parroquia es diferente. Tu parroquia actual es diferente de aquella en la que trabajaste antes o de aquella en la que creciste. Es diferente de la parroquia vecina y de la que le sigue. Es de vital importancia que todos los líderes parroquiales se incorporen a la cultura (y las culturas) de una parroquia con sensibilidad y respeto. El peligro de un líder catequético con experiencia es llegar a una nueva parroquia y tratar de imponer un enfoque que funcionó en otra parroquia. El peligro del nuevo líder catequético es que no perciba que existe una cultura, o que simplemente proyecte su imagen de una parroquia sobre la comunidad de fe a la que ha sido llamado a dirigir y servir. Cualquier enfoque de esa naturaleza carece de la virtud cristiana de humildad o de sabiduría, o de ambas.

Ya sea que tenga experiencia o no como líder catequético, cualquiera que sea nuevo en una parroquia debe tener una actitud de "escucho y aprendo" en todo lo posible. Nunca debería haber una conversación que no enriquezca tu entendimiento de la comunidad parroquial a la que entraste. Es increíble todo lo que puedes aprender pasando tiempo con las personas y escuchando. . . y haciendo buenas preguntas. Deberás hacerte experto en leer el "subtexto" bajo la superficie. Y por supuesto, recuerda que no todas las perspectivas que escuches serán dignas de ser tomadas en cuenta. Desafortunadamente, puede haber personas que intenten tenerte de su lado para servir sus propios intereses. Así que, intenta aprender cómo destilar la información y decide en quién confiar. Esta es una habilidad importante para la vida y también para el ministerio.

Al adquirir más experiencia y entendimiento de tu parroquia, cultiva relaciones de amistad y profesionales con todos los miembros del personal de la parroquia y, sobre todo, con los demás líderes catequéticos. Considéralos tus aliados principales. También busca cultivar relaciones de respeto y amistad con el personal administrativo y de mantenimiento. Tus compañeros pueden ser una fuente invaluable de información y perspectivas, y pueden ayudarte a comprender la historia de la parroquia y las dinámicas interpersonales que están en juego. También pueden ayudarte con los detalles logísticos de una parroquia, como la manera de cerrar, dónde encontrar filtros de café y cómo reservar una sala.

La esperanza es que el nuevo líder de una parroquia sea un estudiante meticuloso que aprenda con rapidez. La curva de aprendizaje para todos nosotros no tiene fin, pero es realmente empinada durante los primeros dos años. Para el tercer año, ya deberías tener un buen manejo de la dinámica cultural de una parroquia.

Tu párroco y tú

Tu párroco, por supuesto, es una figura principal en tu desarrollo como líder catequético eficaz de una parroquia. Todos debemos recordar que el párroco es el líder catequético en jefe de una parroquia. Por esta simple razón, debemos vernos como sus agentes y tomar en serio su visión y sus deseos. Básicamente, el párroco es responsable de contratarnos y retenernos. En particular, si el párroco te contrata, está invirtiendo en ti. Tu éxito hablará bien de él.

Afortunadamente, el párroco que me contrató como director de formación en la fe de la parroquia fue, desde el comienzo, accesible y servicial. Compartía libremente su visión para la parroquia y sus deseos para nuestros ministerios de formación en la fe. Me fue guiando amablemente sobre la vida de la parroquia. Yo fui lo suficientemente listo para saber que, en última instancia, él estaba a cargo, pero sentí que me daba la autoridad para usar mis talentos y carismas para forjar un estilo de liderazgo y una dirección para los ministerios que estaban bajo mi cuidado.

Independientemente de si tu párroco es alguien que delega sin involucrarse demasiado y que parece poco interesado en tu trabajo, o alguien que microgestiona y espera que implementes su agenda con precisión, o alguien que se encuentra entre estos dos extremos, debes prestar atención a lo que piensa. Asegúrate de pasar tiempo con él, ya sea de manera formal o informal. Intenta entender su visión catequética, dentro del contexto más amplio de su visión pastoral para la parroquia. Con suerte, puede ser un proceso de diálogo, en el cual tú contribuyes a una visión compartida del futuro del ministerio de formación en la fe en la parroquia.

Derecho canónico: un marco universal útil para el ministerio

Es posible que algunos escuchemos el término *derecho canónico* y nos sintamos intimidados. Es comprensible. Podemos creer que el derecho canónico está en contra de ser "pastoral" en un ministerio. Esta idea sería incorrecta. La finalidad del derecho canónico es regular las funciones de la Iglesia y proteger los derechos del Pueblo de Dios. El derecho canónico es, en realidad, muy pastoral y no tan rígido como podríamos creer.

Como líderes parroquiales, necesitamos estar familiarizados con las secciones en el libro 3 del *Código de derecho canónico, La función de enseñar de la Iglesia*, que se relaciona con la formación catequética (en particular los cánones 773–780) y el libro 4, *La función de santificar la Iglesia* (en particular los cánones pertinentes a los sacramentos). Dominar estas secciones del derecho canónico te ayudará a comprender los lineamientos de la Iglesia universal. Y en ocasiones, el derecho canónico resultará ser un apoyo positivo para las políticas establecidas en la parroquia, sobre todo aquellas relacionadas con asuntos sacramentales, siempre y cuando la política de la parroquia esté de acuerdo con este.

Seguramente haya algún ejemplar del *Código de derecho canónico* a tu disposición en la parroquia. Con cada canon encontrarás comentarios útiles para entender su significado y finalidad. Del mismo modo, muchas diócesis ofrecen talleres y recursos sobre derecho canónico porque incumbe a varios ministerios en la parroquia, así que asegúrate de ponerte en contacto con la oficina catequética de tu diócesis.

Pasar del interior de la parroquia a más allá de la parroquia

Ahora que hemos cubierto las relaciones clave que debes cultivar dentro de la parroquia, es momento de dirigir nuestra atención a las relaciones clave *más allá de la parroquia:*

- *Los líderes catequéticos de las parroquias vecinas* son personas importantes a quienes debes conocer y con quienes debes cultivar una relación. Si eres un líder nuevo (o simplemente eres nuevo en el área), tus colegas de las parroquias cercanas podrían ofrecerte apoyo personal y orientación profesional. Cuando estaba empezando en mis funciones, me pareció invaluable la relación que establecí con un director de educación religiosa (DER) de mayor experiencia ubicado en la misma zona. Era genial poder levantar el teléfono o visitarlo cuando lo necesitaba. Busca a uno o más líderes catequéticos que puedan guiarte.

  Cabe agregar que cada vez más las parroquias están descubriendo maneras de desarrollar esfuerzos conjuntos o compartidos para los ministerios. (La tecnología, incluyendo la tecnología en la nube, está facilitando que los líderes trabajen conjuntamente en proyectos de manera remota). Dos (o más) parroquias pueden tener todos los beneficios de ofrecer formación y eventos con un mínimo costo para cada una. De hecho, al compartir los costos, se puede fortalecer la calidad de lo que se ofrece y la experiencia de los asistentes. Pienso en tres parroquias que se unen todos los años para ofrecer un curso de alta calidad de formación de catequistas. No podrían hacerlo solas. Busca oportunidades de tener este tipo de conversaciones con tus colegas vecinos.
- *Los grupos del decanato/grupos afines (o asociaciones de DER)* pueden ser una poderosa red de contactos y una fuente de apoyo personal y de ánimo. Como director diocesano, veo a los grupos

del decanato de nuestro director/coordinador de educación religiosa (DER-CER) como uno de los indicadores más importantes de la salud del panorama catequético de nuestra diócesis. Cuando se los nutre adecuadamente, estos grupos forman fuertes lazos y elevan el nivel del ministerio de formación en la fe que se brinda en sus respectivas parroquias. A continuación se enumeran los beneficios que veo de participar en un grupo del decanato o grupo afín.

- El grupo ora bien cuando se reúne. . . y ora por los demás.
- Se comparten prácticas eficaces y los miembros encuentran maneras útiles y prácticas de fortalecer su ministerio y lidiar con los asuntos cotidianos.
- El humor y la diversión compartidos pueden diluir un poco la frustración y ansiedad que a menudo invade nuestro ministerio al tiempo que ofrecen una dosis de alegría a nuestro calendario.
- La red de contactos profesionales lleva a formar algunas buenas amistades.
- La responsabilidad mutua desarrolla y crea una cultura de excelencia que nos hace mejores a todos.
- La formación grupal continua (teológica, espiritual, pedagógica) enriquece al líder del ministerio.

Si no cuentas con un decanato o grupo, te animo a que busques la manera de comenzar uno. Habla con el líder catequético de tu diócesis al respecto. Las bendiciones compartidas en los grupos del decanato que acompañé fueron estupendas. Los líderes catequéticos necesitan relacionarse y formar una red de contactos, no solo con quienes se encuentran en puestos por encima y por debajo de ellos. A veces, nuestro ministerio puede ser exigente y solitario. Tener colegas con quienes reír y llorar, y con quienes intercambiar los frutos de los dones personales, es más importante de lo que puedes imaginarte.

Una práctica que ha enriquecido notablemente a los líderes catequéticos en mi diócesis es compartir cada quien su camino de vida y fe en las reuniones del decanato. Esto ha profundizado las relaciones y ha formado una comunidad más fuerte. Esta práctica también representa un modelo que podemos y debemos desarrollar con los catequistas y con los estudiantes. Poder contextualizar y manifestar nuestra experiencia de fe debe ser una habilidad básica para los católicos, por nuestro propio bien y en nuestros esfuerzos por evangelizar a los demás. Si a los líderes nos incomoda expresar nuestra fe o no tenemos la capacidad de hacerlo, ¿cómo podemos formar y capacitar a otros para que lo hagan?

- *Los directores catequéticos y el personal de la diócesis* son agentes de un obispo, que es el líder catequético en jefe de una diócesis. Es vital que un líder catequético parroquial tenga una relación con la oficina catequética de la diócesis y, por lo tanto, entienda la visión para la formación en la fe trazada por el obispo. En una dinámica de compañerismo entre la parroquia y la diócesis, los líderes catequéticos parroquiales pueden sentirse cómodos y seguros a la hora de compartir todos los aspectos de su ministerio, incluyendo las dificultades y los fracasos. La función principal de una oficina catequética diocesana es ser un recurso para ayudar a los líderes a crecer en la eficacia de su ministerio, al tiempo que actúan en favor del obispo, que es el catequista en jefe de la diócesis.

  Si el director o alguien del personal de tu diócesis no se ha acercado a ti para establecer alguna conexión, puedes dar el primer paso. Pídele que venga a tu parroquia y/o coordina alguna visita a la oficina de la diócesis. Te puedo asegurar que una de las mejores partes de mi función como director catequético de la diócesis es visitar a las personas de las parroquias a quienes tengo el privilegio de liderar y servir. Las llamadas telefónicas también me alegran el día, incluso cuando el tema pueda ser difícil.

No sientas timidez al cultivar esa relación y utilizar los recursos de tu diócesis (catequéticos y de otras funciones). Asiste a las oportunidades de formación de liderazgo de la diócesis y participa en sus foros. Y no tengas miedo de ofrecer tu opinión a tu director diocesano sobre formas en que la oficina puede satisfacer mejor tus necesidades.

- La *National Conference for Catechetical Leadership* [Conferencia Nacional para el Liderazgo Catequético] (NCCL por sus siglas en inglés), es la asociación nacional designada para promover el plan de trabajo de los ministerios de catequesis y evangelización en los Estados Unidos. La NCCL, que comenzó como una organización para directores diocesanos y abrió su membresía a los líderes catequéticos parroquiales en los noventa, se dedica a satisfacer las necesidades de todos los líderes catequéticos por medio de su conferencia anual y sus recursos digitales. Se invita a los miembros a participar en la misión y la obra de la organización.

Como miembro de la NCCL desde hace muchos años, puedo dar testimonio del compromiso que tiene la organización de mantener un alto nivel en los estándares de los ministerios de formación en la fe. Ayuda a los líderes de la diócesis y las parroquias a explorar cómo transmitir nuestra fe católica con fidelidad y eficacia en cada generación. Por una módica membresía anual, puedes recibir importantes beneficios para tu ministerio, entre ellos una red de contactos de profesionales catequéticos a nivel nacional, y también puedes ayudar a apoyar esta importante voz nacional en defensa de nuestro ministerio. Para obtener más información, visita https://www.nccl.org.

- *Los representantes de editoriales catequéticas* pueden ser aliados muy importantes para tu ministerio. Desarrollan recursos para mejorar la eficacia de tu programa catequético. He visto que muchos miembros de la comunidad editorial están verdaderamente interesados en el bienestar de la formación en la fe a nivel parroquial, y pueden ser una fuente de información y apoyo. Conoce a los representantes y consultores de educación y determina en qué maneras podrían estar a tu servicio.
- *Las oficinas de catequesis (y de evangelización) de la Conferencia de Obispos Católicos de los Estados Unidos* (USCCB por sus siglas en inglés), sirve principalmente a los obispos y al personal de la diócesis. Pero la USCCB está creando recursos catequéticos útiles y prácticos (a menudo gratuitos) para el uso de las parroquias. Visita su página web para obtener más información: http://www.usccb.org,
- Existen también organizaciones hispanas, como la Asociación Nacional de Directores Diocesanos de Pastoral Hispana (NACDHM, por sus siglas en inglés), la Asociación Católica Nacional de Directores Diocesanos para el Ministerio Hispano (NCADDHM, por sus siglas en inglés), la Federación de Institutos Pastorales y la Federación de Catequesis para Hispanos. Todas ellas proporcionan, además de recursos y apoyos, una maravillosa red de relaciones que pueden ayudar mucho en la misión y la visión de la catequesis.

Cultivar relaciones

Un viejo dicho en el negocio de bienes raíces dice que existen tres prioridades: ¡ubicación, ubicación y ubicación! Cuando se trata de un liderazgo catequético eficaz, las prioridades son ¡relaciones, relaciones y relaciones! Seas o no nuevo en la parroquia o en el ministerio, dedica tiempo a reconocer las estructuras manifiestas y la dinámica cultural oculta dentro de la comunidad. Cultiva relaciones sobre el terreno sólido de la integridad y la mutualidad y, con el tiempo, serás percibido como un colega y líder de confianza dentro y fuera de la parroquia.

La comunidad hispana precisamente se rige por relaciones: lo que se aprende y se sabe, se hace en comunidad. Es, además, de suma importancia, saber crear relaciones con las familias que llevan a sus niños a la catequesis. Comer, conversar, interesarse por ellos y con ellos, puede conducir no solo a un mayor compromiso con la educación religiosa de los pequeños, sino a una evangelización más profunda de la familia entera.

Apéndice para las parroquias con escuelas católicas

Tanto un ministerio de formación en la fe como una escuela católica parroquial tienen la misma misión religiosa: ser centros de evangelización para los niños y las familias a quienes sirven. Si sirves en una parroquia con una escuela, convierte en una prioridad desarrollar relaciones estrechas y de trabajo con los líderes y directores de la escuela. En algunos casos, una parroquia contrata a un nuevo líder catequético con la función explícita de supervisar la formación en la fe tanto en el programa de formación en la fe como en la escuela. Este enfoque sensato propicia la continuidad entre los dos. Dice: "Somos una parroquia con una visión para la formación de niños y sus familias en todo el espectro de la comunidad".

Si falta claridad en lo que se espera de tu relación con la escuela, conversa con tu párroco. Entiende cuál es su visión y luego aboga por la construcción de puentes para que se comunique el mensaje de "una parroquia". En parroquias en las que los programas escolares y de catequesis han ido por carriles diferentes (paralelos o no), puede ser difícil construir puentes en un principio. En esos casos, puede ser necesario que el párroco ofrezca un liderazgo decidido para ayudar a modificar el panorama cultural dentro de la parroquia. El libro 6 de esta serie analizarán con más detalle las relaciones entre el líder catequético y la comunidad escolar católica.

Resumen: de dos en dos

Llamó a los Doce y los fue enviando de dos en dos. . . (Mc 6:7)

Ya sea que sirvamos en una parroquia grande o en una pequeña, contribuimos a algo grande y hermoso: ¡la antigua y universal Iglesia católica! Somos responsables de algo más que nosotros mismos. Debemos fomentar relaciones con los principales involucrados dentro de la parroquia, sobre todo con el líder catequético en jefe de la parroquia, el párroco. Más allá de la parroquia hay estructuras y personas que te apoyarán y ayudarán a crecer en tu función de liderazgo. Mantente dispuesto a la posibilidad de crecimiento, no solo en cuanto a conocimientos y habilidades sino también a ser consciente de ti mismo.

Para reflexionar y conversar

- Una parroquia con un personal que se lleva bien y tiene confianza entre sí puede hacer cosas maravillosas. ¿Qué haces para fomentar un sentido de equipo en el personal y entre los principales líderes?
- Ten en cuenta que toda historia tiene tres lados. El tercero es donde reside la verdad. ¿Escuchas con atención y reúnes suficiente información antes de sacar conclusiones? ¿Cómo puedes crecer en estas habilidades?
- Fuera de la parroquia, ¿a quién ves que podría darte apoyo y enriquecer tu liderazgo catequético?

Madurar como líder catequético

El *Directorio General para la Catequesis* nos recuerda que la "catequesis es una acción esencialmente eclesial" (#78). Esto sugiere que nunca debemos llevar a cabo nuestro ministerio como un "llanero solitario", como alguien que actúa solo. Existen líderes catequéticos a tu alrededor con dones y experiencia que pueden bendecir tu ministerio. Intenta conocerlos y asegúrate de participar en encuentros regionales o del decanato, siempre teniendo en cuenta que el ministerio en que participas pertenece a la Iglesia entera.

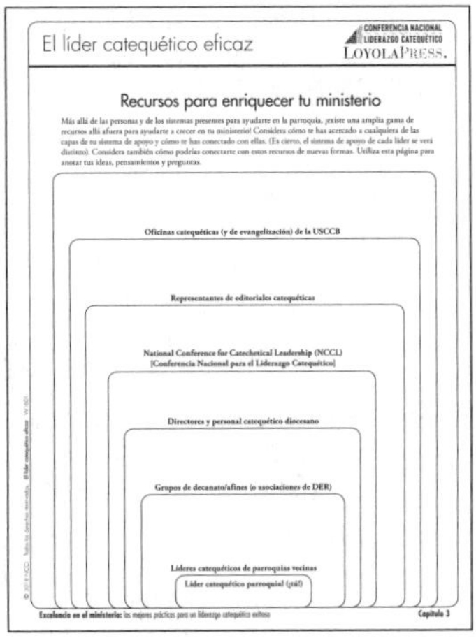
El líder catequético eficaz

CONFERENCIA NACIONAL LIDERAZGO CATEQUÉTICO

LOYOLAPRESS.

Recursos para enriquecer tu ministerio

Más allá de las personas y de los sistemas presentes para ayudarte en la parroquia, ¡existe una amplia gama de recursos allá afuera para ayudarte a crecer en tu ministerio! Considera cómo te has acercado a cualquiera de las capas de tu sistema de apoyo y cómo te has conectado con ellas. (Es cierto, el sistema de apoyo de cada líder se verá distinto). Considera también cómo podrías conectarte con estos recursos de nuevas formas. Utiliza esta página para anotar tus ideas, pensamientos y preguntas.

Oficinas catequéticas (y de evangelización) de la USCCB

Representantes de editoriales catequéticas

National Conference for Catechetical Leadership (NCCL) [Conferencia Nacional para el Liderazgo Catequético]

Directores y personal catequético diocesano

Grupos de decanato/afines (o asociaciones de DER)

Líderes catequéticos de parroquias vecinas

Líder catequético parroquial (¡tú!)

Excelencia en el ministerio: los mejores prácticas para un liderazgo catequético exitoso

Capítulo 3

Visita www.loyolapress.com/lce para acceder a la hoja de ejercicios.

Acción sugerida

Haz una lista de las personas en tu vida que son honestas contigo. ¿Algunas se relacionan contigo por medio de tu ministerio catequético? Esfuérzate por formar una red de personas de confianza que puedan ofrecerte comentarios útiles, aunque a veces difíciles, que te ayuden a crecer.

Recursos adicionales

En español

Alberich, Emilio: *Catequistas para una catequesis nueva*. Madrid, España: Editorial CCS, Serie Sal y Luz, 2012.

Castelblanco Trujillo, Leonor: *Animar en la fe*. Bogotá, Colombia: Editorial San Pablo.

Gaillardetz, Richard: *Ser puente*. Argentina: Editorial Claretiana, 2003.

Johnson, Spencer: *¿Quién se ha llevado mi queso?* New York: G. P. Putnam's Sons, 1998.

En inglés

Emerging Models of Parish Leadership series [Serie Modelos emergentes de liderazgo parroquial] (Chicago: Loyola Press).

The Pastoral Companion: A Canon Law Handbook for Catholic Ministry [El compañero pastoral: un manual del derecho canónico para el ministerio católico]. 4.a ed. actualizada. John M. Huels (Montreal, Canada: Wilson & Lafleur, 2009).

Principled Ministry: A Guidebook for Catholic Church Leaders [Ministerio ejemplar: guía para líderes de la Iglesia católica]. Carroll Juliano y Loughlin Sofield (Notre Dame: Ave Maria Press, 2010).

4
Modelos y recursos catequéticos

Cómo han cambiado los tiempos

Resulta obvio para cualquiera con ojos para ver y oídos para oír que el mundo está cambiando rápidamente. Piensa en algunos ejemplos de cambios que la generación actual ha ofrecido a la vida diaria:

- Con las listas de reproducción de música, podemos crear nuestra propia "estación de radio".
- Con las ligas de fantasía, podemos reunir y "poseer" nuestro propio equipo deportivo.
- Con nuestros teléfonos, podemos crear películas/videos sin ayuda profesional.
- En lugar de ir a la biblioteca para investigar sobre un tema, podemos buscarlo en Google.
- Con los servicios de citas en línea, podemos seleccionar a una persona con quien salir, para *después* conocerla en persona.
- En lugar de tomar un avión para reunirnos con la familia, podemos usar *Skype* o *FaceTime.*

Estos son solo algunos ejemplos de las diferencias entre la vida de hoy y la que vivíamos hace apenas una generación. Algunos estamos en la categoría de personas que hemos tenido que adaptarnos al mundo digital y a nuevas maneras de hacer las cosas. El mundo, e incluso los circuitos del cerebro de quienes han crecido en el ambiente digital, están cambiando. Mucho de lo que solíamos "saber" debe ser olvidado o, al menos, reexaminado.

Un cambio en la forma de ver el mundo

El abismo cultural con el que deben luchar los líderes catequéticos no se limita al campo tecnológico. Hay un cambio igualmente importante (y mucho más complicado) en la forma de ver el mundo que afecta de manera significativa cómo llevamos a cabo la formación en la fe. Nuestro mundo se ha estado alejando de manera firme y rápida de una manera "clásica" de ver el mundo hacia lo que llamamos una visión posmoderna, o poscristiana para algunos. Observemos las diferencias entre las dos visiones:

- Mientras la visión clásica del mundo reconoce un (meta)discurso histórico común que informa la identidad, la visión posmoderna adopta un enfoque discursivo personal al tiempo que cuestiona la validez de cualquier metadiscurso global.
- Mientras la visión clásica del mundo acepta de manera implícita la legitimidad de instituciones establecidas, la visión posmoderna desconfía por naturaleza de las instituciones (entre ellas la Iglesia).
- Mientras la visión clásica del mundo reconoce una verdad objetiva que se aplica universalmente, la visión posmoderna ve el punto de partida de la verdad como relativo y subjetivo: lo que es verdad para mí puede no ser verdad para ti.
- Mientras que la visión clásica del mundo insiste en que el individuo se ajuste a las normas y prácticas aceptadas, la visión posmoderna insiste en que los individuos adapten su realidad según sus gustos.

Para el líder catequético, el desafío es determinar cómo podemos transmitir la fe católica de manera eficaz e infundir en las personas, sobre todo en los jóvenes, un entendimiento de la *comunidad* católica en un contexto cultural posmoderno. Parecería que la forma católica de ver el mundo y la forma posmoderna estuvieran en desacuerdo entre sí por naturaleza. Sin embargo, con el desafío viene la oportunidad de llevar la fe católica y el Evangelio de Jesús al diálogo con un mundo posmoderno.

Entablar una conversación con las personas partiendo de su realidad para acercarlos a Jesús de ningún modo es un enfoque de última moda. *Gaudium et Spes* (*Constitución pastoral sobre la Iglesia en el mundo actual*) nos llama a adoptar este enfoque, y el derecho canónico lo expresa de manera directa en su canon #769: "Propóngase la doctrina cristiana de manera acomodada a la condición de los oyentes y adaptada a las necesidades de cada época". Y por supuesto, se trata de la manera en que Jesús enseñó y se relacionó con las personas.

¿Qué podemos hacer para involucrar de manera religiosa a un pueblo adelantado tecnológicamente, pluralista, distraído y cada vez menos creyente? Esta es la pregunta base para el liderazgo catequético hoy en día. Debería hacer eco en nuestra mente e influir nuestro juicio sobre cómo estructurar nuestros ministerios y programas. Debería informar qué modelos elegimos y cómo usamos los recursos.

Jesús como nuestro Catequista Maestro

Cualquier reflexión acerca de la metodología para la evangelización y la catequesis en nuestro tiempo (y el de cualquiera) debería comenzar con Jesús, la Palabra encarnada, quien vino a representar y expresar la verdad divina y misericordia. ¿Qué hizo Jesús para invitar a los demás a la conversión? Piensa en su manera de entablar una conversación y enseñar:

- Conocía a las personas en su realidad, en sus pueblos, en sus casas, etcétera.
- Con ingenio mezclaba sensibilidad pastoral con valentía de gran autoridad.

- Contaba parábolas para captar y mantener la atención de las personas.
- A menudo iniciaba un diálogo con los demás y, con frecuencia, hacía preguntas para obtener respuestas.
- Hablaba en un lenguaje que el público podía entender, usando, entre otros, ejemplos de la vida del campo con los que las personas podían identificarse.

Mientras avanzamos para enfrentar los desafíos de proclamar la Buena Nueva de Jesús en nuestro mundo en constante cambio, es imperativo que evitemos simplemente repetir recursos y metodologías que funcionaron en el pasado. Este no es el sendero hacia el que nos están llamando el Espíritu Santo y la Iglesia. Jesús dijo: "Ni se echa vino nuevo en odres viejos, pues los odres reventarían, el vino se derramaría y los odres se echarían a perder. El vino nuevo se echa en odres nuevos y los dos se conservan" (Mateo 9:17).

El Evangelio de Jesucristo es la Buena Nueva para esta y para todas las generaciones. El mensaje de Jesús es un mensaje de esperanza, misericordia, sanación y vida nueva para todos los que se rinden a la voluntad del Padre y adoptan el discipulado de Jesús. La Palabra de Dios es vino nuevo eternamente. Nunca se vuelve viejo. Así que la pregunta se convierte en: "¿Cuáles serán nuestros recipientes y sistemas de entrega para la Palabra de Dios?".

Recursos para la catequesis y la evangelización

El panorama de recursos para la evangelización y formación en la fe católica es vasto, cambiante y en crecimiento día a día. Sería imposible ofrecer una lista específica y exhaustiva de buenos recursos aquí. Además, cualquier lista fija se volvería anticuada enseguida. Más importante que intentar darte un pez es enseñarte a pescar solo.

Busca páginas web de las oficinas académicas (información y recursos concentrados en un solo lugar) que, de manera constante, revisen y actualicen su lista recomendada de recursos para la evangelización y el ministerio catequético. Por supuesto, cualquier página web es supervisada por personas y organizaciones, con diferentes grados de experiencia y puntos de vista. Lo ideal sería que las páginas web de las oficinas académicas buscaran servir la misión general de la Iglesia sin inclinaciones o tendencias ideológicas. La *National Conference for Catechetical Leadership* [Conferencia Nacional para el Liderazgo Catequético] (www.nccl.org) ha participado en la creación y el apoyo de dos de esas páginas web, una al servicio de la formación de padres y familias, y otra al servicio de la evangelización católica y catequesis evangelizadora. La Conferencia de Obispos Católicos de los Estados Unidos (www.usccb.org) es otra fuente confiable de consulta.

En lo que al uso de los recursos se refiere, algunas cosas se han hecho evidentes en nuestro servicio actual y mirando hacia el futuro:

- Los videos han vencido rápidamente a la palabra escrita como medio principal de adquirir información.
- La transmisión de información digital seguirá en aumento como el método preferido por encima del papel.
- La capacidad e inclinación de las personas a estar atentas a un recurso en particular y de una manera particular, en general, se ha reducido a tal punto que el aprendizaje pasivo (como mirar un video) se debe limitar a unos pocos minutos a la vez.
- Los dispositivos móviles ofrecen una gran oportunidad para ofrecer a las personas contenido educativo allá donde estén.

De muchas maneras, estamos viviendo en una "época dorada" de los recursos sobre fe católica. Los esfuerzos que se han hecho para lograr que el contenido sobre evangelización y catequesis sea interesante y pertinente son realmente increíbles. Este es uno de los acontecimientos más emocionantes en la vida de la Iglesia en esta generación. Sin duda, el compromiso actual continuará y se expandirá. Lo que es importante es que tú, junto con tu personal y con el asesoramiento de la oficina catequética de tu diócesis, tengan la agudeza teológica de identificar los recursos que no solamente sean los más atractivos, sino que también fieles a la enseñanza católica. Por ejemplo, asegúrate de no suponer que debes usar un video porque está producido profesionalmente y es atractivo. Revisa el contenido adecuadamente.

Lo que ofrecemos debe ser fiel a la enseñanza de la Iglesia y debería ser *católico*, no solo rozar el catolicismo. Recuerda que tú, como líder catequético, tienes a cargo la formación de personas en la *totalidad* de la fe, y de manera completamente imparcial independientemente de ideologías particulares.

De igual manera, al considerar los recursos y modelos catequéticos para la formación en la fe, ten en cuenta los índices de retención de información y aprendizaje que tienen las personas, según el método de enseñanza. La siguiente gráfica lo demuestra.

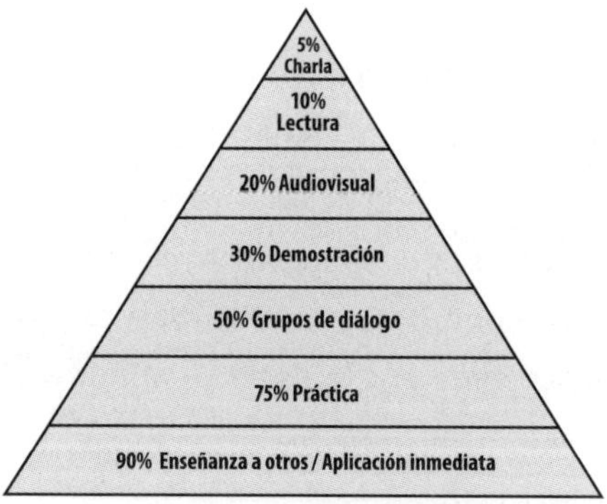

La pirámide del aprendizaje

Por último, tanto la evangelización como la catequesis deben contextualizar la fe en relación con la vida y el mundo en que viven las personas. Los catequistas ingeniosos pueden usar artículos y videoclips seculares para propiciar la reflexión y conversación. Karl Barth, el teólogo suizo reformado del siglo XX, tenía razón al decir: "Toma tu Biblia y toma tu periódico, y lee los dos. Pero interpreta los periódicos desde tu Biblia". Este es el centro de nuestro ministerio: entender la vida a la luz de la fe. Uno de los mejores ejemplos de esta metodología hoy es la práctica del Obispo Robert Barron, que aborda de manera brillante los temas del día a través del prisma de la cosmovisión católica.

Con todo eso como telón de fondo y como base, analicemos diversos modelos catequéticos que tienes disponibles.

Modelos catequéticos

- El *Ritual de la Iniciación Cristiana de Adultos (RICA):* tanto el *Directorio General para la Catequesis* como el *Directorio Nacional para la Catequesis* nos llaman a considerar el RICA como el punto de partida al analizar los modelos de formación en la fe. "El catecumenado bautismal es un componente vital en la organización de la catequesis en la parroquia. El catecumenado es un proceso esencial en la parroquia, un proceso que sirve de inspiración para toda la catequesis" (*DNC*, #54B1). Los modelos posbautismales de la catequesis no necesariamente deben imitar el modelo del catecumenado, pero todos los modelos deben buscar en el catecumenado los valores y principios rectores como "la intensidad e integridad de la formación; su carácter gradual, con etapas definidas; su vinculación a ritos, símbolos y signos, especialmente bíblicos y litúrgicos; su constante referencia a la comunidad cristiana" (*DGC*, #91). El RICA debería ser la regla para medir nuestros programas catequéticos actuales y ver si estos contienen los atributos católicos esenciales para el desarrollo de la fe. Ya sea que facilites o no el proceso del RICA en tu parroquia, es imperativo que conozcas, entiendas y aprecies el carácter del proceso de iniciación para que sirva como modelo de tus demás esfuerzos catequéticos posteriores.

- El *RICA adaptado para niños:* este es el título correcto de lo que algunos llaman "RICN" ("Ritual de la Iniciación Cristiana de Niños") o "Catecumenado de niños". Es, como su nombre lo indica, un proceso de iniciación para niños y jóvenes a la fe católica con estrecha fidelidad a los principios y directrices del Ritual de la Iniciación Cristiana de Adultos (RICA), y que considera y anima la adaptación de los ritos para satisfacer las necesidades particulares de los niños y los jóvenes (#253). Este proceso debería llegar a los niños donde se encuentren en su etapa de desarrollo, considerando tanto su edad como a su experiencia de fe. Es *esencial* involucrar a los padres de familia en el proceso, buscando fomentar la conversión en ellos también (ver el capítulo 9). Según la normativa, los niños son iniciados plenamente en este proceso en la Vigilia Pascual, aunque se pueden hacer excepciones en cuanto al tiempo. Los catecúmenos, o quienes no están bautizados, reciben los tres sacramentos de la Iniciación juntos. Los candidatos, o niños bautizados, completan su iniciación al recibir la Eucaristía y la Confirmación.
- *Los niños "fuera de la estructura":* cada vez con más frecuencia, la Iglesia de los Estados Unidos recibe en los programas parroquiales de formación en la fe a familias que presentan a niños que no han sido bautizados y que no han recibido la Primera Comunión a la edad establecida. Y parece que este fenómeno seguirá en aumento. Los líderes catequéticos de las parroquias viven esto como una oportunidad y un desafío para relacionarse con el joven (y su familia) y servirle de guía para que ingrese a la fe y vida católicas. Sin embargo, adaptar las estructuras y los ministerios para satisfacer las necesidades de las distintas familias que no están dentro de "lo establecido" puede ser complicado y exigente. Para comprender el entorno de una

familia en particular y evaluar la forma de satisfacer sus necesidades de desarrollo en la fe, lo más importante es dedicar tiempo para conocer a la familia. La escucha pastoral no solo fomentará una confianza esencial en tu relación con ellos, sino que también te ayudará a determinar cómo proceder en relación a su cuidado catequético y pastoral. En algunos casos, sobre todo si hubo algún grado de conexión con la fe católica, podría ser apropiado y suficiente colocar a los niños en un camino que se concentre en la "preparación religiosa" para que fácilmente puedan unirse a sus pares en el programa de formación en la fe. En otros casos, en los que realmente hubo ausencia de vida y práctica de la fe, será más adecuado que el niño o niña y su familia participen en el proceso de catecumenado o en un proceso paralelo.

- *Modelo de escolaridad para niños en la parroquia (tradicional):* Normalmente, este modelo se da en ámbitos parroquiales, ya sea en una escuela parroquial o cualquier otro espacio apropiado. Algunas parroquias ofrecen sus sesiones de formación en la fe fuera de estas, ya sea en una escuela o un edificio cercano o en las casas de los feligreses. (La última opción presenta preocupaciones de seguridad para los niños que deben ser evaluadas siempre y cuando los lugares estén menos "controlados"). El modelo escolar, caracterizado por las clases según el grado con libros de texto y catequistas, es considerado por muchos como el modo *tradicional* de transmisión de la fe. Sin embargo, este modelo es menos orgánico y posee un enfoque más reciente que el que se ha establecido durante siglos en los hogares cristianos. El modelo escolar, cuando se lleva a cabo de manera eficaz, tiene ventajas que deben apreciarse.
    - La parroquia tiene una fuerte supervisión del contenido y proceso catequéticos.

- Se aprueba, prepara, apoya y evalúa a los catequistas para garantizar el control de calidad.
- En la mayoría de los casos, los niños están en contacto con las instalaciones, el personal y la cultura de la parroquia.
- Los niños socializan con sus compañeros en un ámbito católico.

Sin embargo, puede haber dificultades incluso en las parroquias donde el modelo escolar se lleva a cabo de forma magnífica. Actualmente, la tasa de práctica activa de la fe católica entre los niños y adultos jóvenes adultos es tristemente baja y sigue en descenso. De igual manera, este modelo sufre de lo que puede llamarse una mentalidad de "depósito", que anima a los padres a suponer que la formación en la fe es responsabilidad, principalmente, del programa de educación religiosa de la parroquia y sus catequistas. Este tipo de mentalidad impulsó al Papa Francisco a pedir a los padres que "vuelvan de su exilio" y asuman su función en la educación de sus hijos.

A decir verdad, muchos líderes catequéticos y ministros pastorales han reconocido desde hace tiempo que la sola dependencia del modelo escolar para la enseñanza de la fe católica no es suficiente. Perpetúa un enfoque que funcionó en el pasado, cuando la fe estaba apoyada y alimentada de manera robusta por la familia, la comunidad y la cultura como un todo. Hoy en día, esos sistemas de apoyo se han deteriorado o han colapsado completamente, lo que deja a la formación en la fe como una actividad solitaria que implica ¡3/1000 o tres de mil partes del año de un joven! Esta realidad nos lleva a explorar nuevos paradigmas para la formación en la fe, muchos de los cuales ponen el énfasis de manera adecuada en la función de la familia y los padres como los principales educadores de sus hijos. Para maximizar los beneficios del modelo escolar, es imperativo que se realicen las siguientes acciones:

- Haz hincapié y prioriza la formación de catequistas. El modelo escolar otorga gran responsabilidad a la función del catequista, lo que significa que tu principal responsabilidad como líder catequético es garantizar que los catequistas tengan la formación adecuada y estén altamente capacitados para asumir esa función.
- Busca utilizar todos los recursos de la parroquia para enriquecer e integrar la presentación de la fe católica. No estamos catequizando a los niños para al final pasar una prueba de Confirmación. Estamos iniciando a los jóvenes en una vida católica activa dentro del contexto de la parroquia y en el mundo.
- Involucra constantemente a los padres (o tutores legales) en la experiencia de formación en la fe de sus hijos. Cada vez que sea posible, encuentra maneras de comunicarte con los padres, cultiva relaciones y busca invitarlos a que recorran su propio camino de evangelización y catequesis.

Sin duda, el modelo escolar continuará ocupando un lugar en el futuro de la formación en la fe católica. Sin embargo, para que sea eficaz, debe ser un elemento dentro de un enfoque diseñado para su integración orgánica en el hogar, la vida más amplia de la parroquia y, por supuesto, ¡el mundo! Un modelo escolar aislado y solitario que se centra únicamente en la transmisión de información continuará fracasando en su intento de formar jóvenes que conozcan a Dios de manera personal y amen y vivan su fe católica con pasión.

- *Modelo intergeneracional (la parroquia completa):* como mencionamos antes, los líderes catequéticos cada vez se están dando más cuenta de las deficiencias del modelo escolar tradicional y su mentalidad de "depósito". Por fortuna, el líder catequético pionero John Roberto lideró una campaña generalizada a comienzos de la década de 2000 para ampliar los esfuerzos de formación en la fe en la parroquia a fin de cubrir no solo a los niños sino a los católicos de todas las edades. Ayudó a los líderes parroquiales de las diócesis de todo el país a comprender que el modelo escolar tenía éxito solo debido al contexto en el que se llevaba a cabo en las décadas anteriores. El enfoque intergeneracional invita a las familias y personas de todas las edades a reunirse regularmente como comunidad para tener experiencias de formación ligadas a temas de la fe católica y del año litúrgico. Por lo general, las experiencias intergeneracionales incluyen segmentos para todo el grupo combinados con segmentos más cortos para grupos específicos por edades. La solidez de este enfoque consiste en crear un sentido de comunidad, la oportunidad que tienen las familias de vivir juntas la formación en la fe y el énfasis en que la formación en la fe es algo para toda la vida, un conocimiento esencial. (Como suelo decir, nuestra graduación de la formación en la fe no es la Confirmación, sino la muerte). Existen dificultades logísticas al manejar un grupo grande de formación en la fe, y las limitaciones de espacio son parte de ellas.

Actualmente nos encontramos en un punto de la historia en el que un enfoque intergeneracional y para toda la vida de la formación católica tiene más sentido que nunca. En términos de la realidad práctica, tenemos demasiados adultos que necesitan una *catequesis evangelizadora* diseñada para invitarlos a la conversión y atraerlos a la riqueza de las creencias y prácticas católicas. Y sin una "nueva evangelización" o "reevangelización" (como la denominó san Juan Pablo II en *Redemptoris Missio*) de nuestros padres de familia, nuestros programas y escuelas parroquiales continuarán impartiendo sacramentos a sus niños y enviándolos a un mundo que, en demasiados casos, abrumará su fe católica. La formación en la fe para la parroquia entera conlleva la intención adecuada de lo que se necesita en la Iglesia actualmente. Necesitamos adoptar una visión en la que todos los feligreses son candidatos para la formación continua y la conversión. Se trata de una meta que hay que imaginar, trabajar y lograr según lo permitan las circunstancias de tu parroquia.

- *Modelo familiar de formación en la fe:* en *La alegría del amor*, el Papa Francisco afirma el lugar de los padres en la formación de sus hijos: "[H]an de ser valorados los cónyuges, madres y padres, como sujetos activos de la catequesis [. . .] Es de gran ayuda la catequesis familiar, como método eficaz para formar a los jóvenes padres de familia y hacer que tomen conciencia de su misión de evangelizadores de su propia familia" (*Amoris Laetitia*, #287). La posición central de los padres en la formación de los hijos se analiza con más profundidad en el capítulo 9. Aquí debería bastar con señalar lo obvio. Si no logramos incluir a los padres (abuelos, tutores legales y otros adultos importantes en la vida de los niños), les estamos haciendo a ellos, y a los hijos, una gran injusticia. Los padres crecen en la fe mediante sus hijos y los hijos crecen en la fe en relación con sus padres. La familia está diseñada para ser el lugar donde la fe nace y se desarrolla más orgánicamente. Nuestros métodos pasados (y presentes) que sustituyen la parroquia o la escuela por el hogar no están alineados con la teología ni con nuestra naturaleza.

  El modelo familiar de formación en la fe es, en esencia, un subconjunto del modelo intergeneracional y es lo suficientemente flexible como para cambiar de parroquia a parroquia según las necesidades, la cultura y las limitaciones de cada una. Normalmente, este modelo reúne a las familias una vez al mes. Hay una sesión juntos y luego una por separado. Los hijos se reúnen en grupos de su misma edad mientras que los padres participan en reuniones de alta calidad, de formación en la fe para adultos que incluyen pequeños grupos de diálogo y segmentos con videos cortos relacionados con el tema doctrinal de la sesión. Los padres salen equipados para trabajar con sus hijos en las lecciones sucesivas de la unidad de ese mes en casa. Pueden usar una edición para uso en el hogar de algún texto catequético aprobado, actividades en línea que ofrece la editorial y otras sugerencias para realizar dos actividades clave: Hablar con Dios y Prácticas católicas como familia. Mediante evaluaciones en línea y de otros tipos que los niños completan al finalizar cada lección, el líder catequético puede registrar el progreso y acercarse a las familias cuando sea necesario. Acertadamente, algunas parroquias ofrecen un menú de experiencias parroquiales y piden a las familias que elijan una determinada cantidad para participar y fortalecer los lazos entre la familia y la comunidad de fe como un todo.

Si estás pensando en cambiar a este modelo (o a cualquier otro), por favor no te apresures. Dedica el tiempo para educar, equipar y preparar a los padres para que asuman su función como principales educadores de sus hijos. Además, las parroquias suelen presentar este modelo como una alternativa al principio, para no abandonar a las personas que no están preparadas todavía para hacer el cambio.

He visto cómo varios modelos familiares transformaron la vida de los padres y sus hijos en mis años de servicio en parroquias como director diocesano. Denise Utter, una practicante parroquial de este modelo catequético con quien he servido y quien ahora es una promotora nacional de este modelo, dice: "Animar a las familias a adoptar este modelo y empoderarlas para hablar sobre Dios y vivir la fe en casa y en la comunidad permite a los padres ganar confianza como los principales formadores de fe en su familia". Desde mi punto de vista, el *cómo* está diseñada la formación en la fe familiar merece atención considerable y continua. Que se debe adoptar la formación familiar ya no está en duda. Llegó el momento de integrarla ampliamente en nuestro ministerio, ¡ya sea en menor o mayor grado!

- *Catequesis del Buen Pastor (CBP):* este modelo es un estilo de catequesis basado en la educación Montessori (hasta el sexto grado) que tiene fundamentos en las Sagradas Escrituras, la liturgia y la formación moral. El enfoque de la CBP es práctico e intenta inculcar una espiritualidad reflexiva a muy temprana edad. Este puede ser un complemento valioso de los modelos tradicionales. Sería acertado que las parroquias aprendieran de los fundamentos de la CBP para la formación en la fe. La CBP requiere un lugar dedicado a su uso, así como materiales y capacitación de catequistas especializados. Este modelo, desarrollado y defendido por la fallecida Sofía Cavelletti junto con su colega Gianna Gobbi, es especialmente eficaz en niños de la primera infancia y de los primeros grados por su énfasis en las historias de las Sagradas Escrituras, la vida litúrgica de la Iglesia, el aprendizaje kinestésico y la contemplación.
- *Formación en la fe para personas con necesidades especiales:* este modelo de enseñanza ofrece adaptaciones útiles y apoyo para niños, jóvenes y adultos con necesidades especiales. Un líder catequético debe analizar la posibilidad de incluir a estos individuos dentro de estructuras existentes con sus compañeros. Esto puede implicar que sea necesario algún asistente o que se hagan algunos ajustes. No obstante, si las necesidades especiales de una persona son demasiado grandes e impiden la inclusión, se debe realizar un programa por separado que ofrezca opciones, como sesiones grupales con otras personas con las mismas necesidades e instrucción individual. Se debe brindar cuidado pastoral particular a estas familias para comunicarles que son aceptadas y bienvenidas de manera cálida en la comunidad parroquial. (Este aspecto importante del ministerio catequético se trata con mayor profundidad en el libro 6 de esta serie, *Todo el*

pueblo de Dios). Si bien es posible que no todas las parroquias tengan la capacidad de atender la gran variedad de necesidades especiales, se debe prestar atención y planificar a nivel diocesano y regional para que las familias no tengan que viajar largas distancias para recibir el cuidado y la atención que merecen.

- *Preparación sacramental:* algunos pueden pensar que es vanguardista el uso creciente de *preparación* como el estándar para conceder los sacramentos. En realidad, este fue el primer modelo de la iglesia cristiana de los primeros siglos. Las personas recibían los sacramentos cuando se las consideraba preparadas. Existe una defensa ferviente, liderada por el padre James Mallon (párroco y autor de *Divine Renovation* [Renovación divina]), por restituir este enfoque para los niños como lo hacemos para los adultos. Dadas las dificultades que presentamos al comienzo de este capítulo, estos enfoques creativos y aparentemente arriesgados que se centran en el corazón de nuestra misión —la conversión a Cristo Jesús— deben ser bien recibidos y analizados. La verdad es que el enfoque de preparación no es del todo arriesgado. Tememos perder personas si nos alejamos del modelo escolar. Pero, ¿acaso realmente tenemos a esas personas para comenzar?
- *Modelos catequéticos adicionales:* aquí hemos dedicado nuestra atención a los modelos catequéticos más importantes, pero existen muchos más. Si bien pueden haberse apenas mencionado, estos modelos tienen gran potencial en la formación de niños y adultos y merecen su estudio.
    - **Formación basada en el Leccionario:** catequesis que recurre a las lecturas de las Sagradas Escrituras para el domingo siguiente.
    - **Liturgia de la Palabra para los niños:** acción litúrgica en la que se llama a los niños de la asamblea luego de la Oración Inicial

(colecta) de la misa a que vayan con un catequista a escuchar y reflexionar sobre las lecturas de las Sagradas Escrituras antes de regresar al ofertorio.

- **Educación en el hogar:** los padres asumen total responsabilidad de la formación en la fe de sus hijos con la colaboración de la parroquia.
- **Curso intensivo de verano:** una sesión de catequesis de dos o tres semanas durante el verano en la que se reúnen cuatro o cinco días por semana durante varias horas en lugar de una hora cada semana durante todo el año.

Resumen: cosas nuevas y viejas

(. . .) un letrado que se ha hecho discípulo del reino de los cielos se parece al dueño de una casa que saca de su tesoro cosas nuevas y viejas.
(Mt 13:52)

Jesús no deja a sus apóstoles un manual de usuario con los pasos 1-2-3 y los métodos obligatorios a-b-c para dirigir su Iglesia. En cambio, nos invita a una relación, ilumina la verdad, nos enseña algunos principios, nos acostumbra al buen ministerio. Por esto, sienta tus bases sobre una buena teología, espiritualidad, moralidad y pedagogía. Estudia a las personas reales (y su cultura) a quienes intentas llegar. Luego sé un buen gestor de los recursos y modelos que te servirán bien en tu tiempo y lugar. Parece claro que los recursos y modelos del futuro no serán estrictamente libros y clases.

Para reflexionar y conversar

- Fácilmente podemos caer en la nostalgia de los “buenos viejos tiempos”. ¿Qué ves de bueno en la cultura actual? ¿Qué oportunidades ofrece para la evangelización y la catequesis?

- ¿Qué modelos estás usando actualmente en los ministerios de tu parroquia y por qué? ¿Qué resultados producen?

Madurar como líder catequético

Observa nuevamente los puntos que describen a Jesús como nuestro Catequista Maestro en la página 43. ¿Cuál de estos elementos te habla directamente al corazón como algo que deseas incorporar mejor a tu estilo de liderazgo?

Visita www.loyolapress.com/lce para acceder a la hoja de ejercicios.

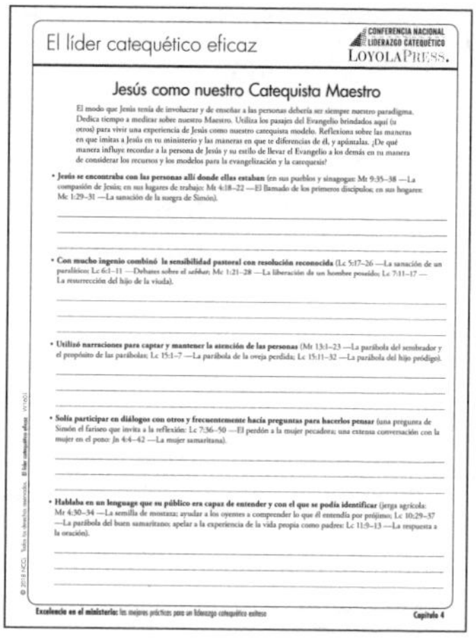

El líder catequético eficaz

CONFERENCIA NACIONAL LIDERAZGO CATEQUÉTICO

LOYOLAPRESS.

Jesús como nuestro Catequista Maestro

El modo que Jesús tenía de involucrar y de enseñar a las personas debería ser siempre nuestro paradigma. Dedica tiempo a meditar sobre nuestro Maestro. Utiliza los pasajes del Evangelio brindados aquí (u otros) para vivir una experiencia de Jesús como nuestro catequista modelo. Reflexiona sobre las maneras en que imitas a Jesús en tu ministerio y las maneras en que te diferencias de él, y apúntalas. ¿De qué manera influye recordar a la persona de Jesús y su estilo de llevar el Evangelio a los demás en tu manera de considerar los recursos y los modelos para la evangelización y la catequesis?

- **Jesús se encontraba con las personas allí donde ellas estaban** (en sus pueblos y sinagogas: Mt 9:35–38 —La compasión de Jesús; en sus lugares de trabajo: Mt 4:18–22 —El llamado de los primeros discípulos; en sus hogares: Mc 1:29–31 —La sanación de la suegra de Simón).
- **Con mucho ingenio combinó la sensibilidad pastoral con resolución reconocida** (Lc 5:17–26 —La sanación de un paralítico; Lc 6:1–11 —Debates sobre el *sabbat*; Mc 1:21–28 —La liberación de un hombre poseído; Lc 7:11–17 —La resurrección del hijo de la viuda).
- **Utilizó narraciones para captar y mantener la atención de las personas** (Mt 13:1–23 —La parábola del sembrador y el propósito de las parábolas; Lc 15:1–7 —La parábola de la oveja perdida; Lc 15:11–32 —La parábola del hijo pródigo).
- **Solía participar en diálogos con otros y frecuentemente hacía preguntas para hacerlos pensar** (una pregunta de Simón el fariseo que invita a la reflexión: Lc 7:36–50 —El perdón a la mujer pecadora; una extensa conversación con la mujer en el pozo: Jn 4:4–42 —La mujer samaritana).
- **Hablaba en un lenguaje que su público era capaz de entender y con el que se podía identificar** (jerga agrícola: Mr 4:30–34 —La semilla de mostaza; ayudar a los oyentes a comprender lo que él entendía por prójimo: Lc 10:29–37 —La parábola del buen samaritano; apelar a la experiencia de la vida propia como padres: Lc 11:9–13 —La respuesta a la oración).

Excelencia en el ministerio: las mejores prácticas para un liderazgo catequético exitoso — **Capítulo 4**

Acción sugerida

Habla sobre los modelos mencionados en este capítulo con tu consejo asesor de ER o párroco teniendo en cuenta la visión de catequesis/evangelización de la parroquia. Evalúa de qué maneras tu parroquia está funcionando en modo *mantenimiento*, y cómo debería cambiar al modo *misión*.

Recursos adicionales

En español

Biemmi, Enzo y Derroitte, Henri: *Nuevos escenarios en catequesis.* Madrid, España: Editorial CCS, Serie Sal y Luz, 2015.

Cavalletti, Sofia: *El potencial religioso del niño entre los 6 y los 12 años.* Catechesis of the Good Shepherd Publications, 2007.

Conferencia de Obispos Católicos de los Estados Unidos: *Directorio Nacional para la Catequesis.* Washington, DC: Conferencia de Obispos Católicos de los Estados Unidos, 2005.

ESC: *Catequesis familiar. Día del Señor.* ESC, 2005.

Fontana, Andrea: *La pastoral bautismal. Una oportunidad para acoger y evangelizar a las familias.* Madrid, España: Editorial CCS, Serie Sal y Luz, 2014.

En inglés

Children of the Light: Precatechumenate Sessions for Children and Families [Niños de la luz: sesiones de precatecumenado para niños y familias]. Blessie LaScola (World Library Publications, 2016).

Common Sense Catechesis: Lessons from the Past, Road Map for the Future [Catequesis con sentido común: lecciones del pasado, mapa para el futuro]. Padre Robert J. Hater (Huntington, IN: Our Sunday Visitor, 2014).

Families at the Center of Faith Formation [Familias como centro de formación en la fe]. Leif Kehrwald, John Roberto, Gene Roehlkepartain, Jolene Roehlkepartain (Naugatuck, CT: Lifelong Faith Associates, 2016).

Guide to Adapting the RCIA for Children [Guía para adaptar el RICA para niños]. Rita Burns Senseman (Liturgy Training Publications, 2017).

Rite of Christian Initiation of Adults [Ritual de la Iniciación Cristiana de Adultos]. (Chicago: Liturgy Training Publications, 1988).

To Heal, Proclaim, and Teach: The Essential Guide to Ministry in Today's Catholic Church [Sanar, proclamar y enseñar: la guía esencial para el ministerio en la Iglesia católica de hoy]. Jared Dees (Notre Dame, IN: Ave Maria Press, 2016).

The Way of Faith: A Field Guide for the RCIA Process [El camino de la fe: guía de campo para el proceso RICA]. Nick Wagner (New London, CT: Twenty-Third Publications, 2008).

5

Aspectos operativos: al frente y detrás de la escena

Ponerse la camiseta

No todos los momentos en el ministerio se dan de igual manera. Algunos son menos públicos, donde las tareas se completan sin tanta ostentación. Y otros son muy públicos, donde se forman impresiones y se profundizan (o se dañan) relaciones.

Esto no me quedaba del todo claro en mis primeros meses como DER. Todavía recuerdo el día en que, luego de una reunión nocturna del consejo parroquial, mi párroco humildemente me regañó por haber sido un estorbo silencioso durante la reunión. Había sido invitado para escuchar una conversación (y contribuir a ella) sobre la visión de la parroquia. Por alguna razón, pensé que estaba bien si no le ponía energía ni me involucraba o actuaba particularmente amable esa noche.

Probablemente generé una impresión lamentable en los miembros del consejo de la parroquia en ese momento. Y estaba equivocado en todo lo que mencioné más arriba. Sin importar si había tenido un día difícil, una semana larga, estaba de mal humor o lo que fuera, debí ponerme la camiseta y jugar con alto nivel, con profesionalismo, energía y todo el entusiasmo que pudiera demostrar.

Momentos de gran impacto en el ministerio

La verdad es que algunos aspectos del liderazgo catequético requieren que actuemos con más energía y emoción que otros. Algunos momentos son a los que llamo "de gran impacto": ocasiones que requieren que estemos en nuestro mejor momento, que brillemos. Si bien las funciones administrativas son importantes y serán tratadas más adelante en este capítulo, no son las oportunidades de gran impacto a las que me refiero.

El ministerio de gran impacto ocurre cuando estamos con otras personas. Suceden en reuniones de personal, reuniones del consejo parroquial, reuniones del consejo asesor, eventos de formación para padres y familiares, y cualquier otra ocasión en que se reúnan los feligreses para algo que ofrece el ministerio que supervisas o con el que te relacionas, ya sea que lo lideres o no. El ministerio se basa principalmente en las relaciones interpersonales. Cuando estás con un grupo de personas, en tu capacidad de líder catequético estás participando, de una forma u otra, en un ministerio de gran impacto. Para el extrovertido que lee este libro, son buenas noticias. Para el introvertido, son importantes noticias. Así como ocurre el Día de Acción de Gracias o cualquier otra festividad en la que el anfitrión no puede esconderse en una habitación, un líder catequético debe ser un anfitrión y moderador cortés, atento y hasta encantador con las personas reunidas.

Sesión de educación religiosa: ¡se abre el telón!

Las reuniones de formación de catequistas y las sesiones con padres y familias están entre los momentos de mayor impacto en la vida del líder catequético de una parroquia. La esperanza es que tengas un tanque relativamente lleno para relacionarte con estos grupos importantes de personas en estos momentos clave o, al menos, que tengas suficiente combustible en el tanque para moverte y ser una presencia alegre, dinámica y atractiva. Analicemos el aspecto principal de la función del líder catequético: ser el director de orquesta del emocionante, desordenado, y hasta loco y divertido, momento antes, durante y después de una sesión parroquial de formación en la fe.

Antes de la sesión

1. Pide a alguien de la oficina de formación en la fe que esté disponible en las horas previas a la sesión para contestar las llamadas telefónicas con preguntas y avisos de ausencias, tanto sobre los niños como los catequistas. Estas llamadas generarán más tareas: llamar a catequistas suplentes (¡nunca hay demasiados buenos suplentes!) y hacer ajustes para la sesión.
2. Llega temprano al lugar para recibir a los catequistas que llegan temprano (que deben estar allí antes de que lleguen los primeros alumnos). Muéstrate presente y disponible mientras comienzan a llegar las familias para la sesión. Eres el anfitrión, el líder, el guía turístico, el que consuela y el rostro familiar de la parroquia. No subestimes la esencia en el simbolismo de tu presencia pastoral.
3. Para lograr el punto anterior y estar disponible de manera adecuada antes y durante la sesión, debe existir el apoyo suficiente antes de la sesión:

    - Alguien que conteste las llamadas en el lugar donde se realiza la sesión.
    - Un equipo administrativo: personas que hagan copias de último momento, que pasen lista, que organice los equipos de tecnología y recursos (mejor que sobre ayuda y no que falte).
    - Seguridad: supervisores en los corredores y, si es necesario, ayudantes en el estacionamiento.

Se necesitan muchas manos para que una sesión catequética fluya adecuadamente. Asegúrate de invitar y atraer a personas idóneas para estas funciones, y luego capacítalas y empodéralas para que sirvan con gracia y eficacia. Este es tu equipo de acción ese día.

Durante la sesión

1. Como líder del programa, es probable que desees hacer algún anuncio inicial por el sistema de megafonía o cuando los participantes estén reunidos. Esta es otra oportunidad para darles la bienvenida a todos, fijar un tono positivo y ofrecer la información necesaria para comenzar la sesión.
2. Al comenzar la sesión, asegura el edificio. Después de eso, debe haber algún sistema que controle si alguien quiere ingresar al edificio. Niños y adultos tendrán que registrarse en la oficina o recepción.
3. Alguien del personal de la sesión (remunerado o voluntario) debe estar en el área principal —una ubicación central clave u oficina visible y accesible— durante la sesión. Esta persona supervisa las operaciones y es el punto de contacto inicial para las preguntas y cuestiones que surjan.
4. Es esencial pasar lista para saber qué niños están ausentes. Cualquier ausencia no informada con anticipación requiere que se contacte a los padres inmediatamente. Debe haber uno o dos miembros del equipo que puedan hacer estas llamadas sin demora. (Los números telefónicos de los padres deben estar disponibles por esta razón, en caso de enfermedad o para cuestiones serias de disciplina).
5. Como líder, muéstrate presente lo más que puedas durante la sesión. Camina por los corredores. Observa lo que sucede allí y en las clases. Debes tener un plan sobre qué salones querrás visitar para observar. Las visitas pueden organizarse con

anticipación con el catequista. (Las oportunidades de evaluación formal se deben planificar de mutuo acuerdo). Las visitas informales también pueden ser espontáneas. Y si percibes que hay problemas en algún salón, tienes la libertad de entrar para ver si puedes ayudar al catequista.

6. Al ingresar a un salón, súmate a lo que está diciendo el catequista o haz una pregunta a los niños para que ellos puedan tener la experiencia de tenerte como catequista y el catequista pueda obtener el beneficio del ejemplo que puedas brindar. (No interrumpas el flujo de la lección demasiado tiempo).
7. De cuando en cuando, visita el área principal por si hay algún tema que requiera tu atención. (Llamadas a celulares, mensajes de texto o un walkie-talkie puede mantenerte al tanto en tiempo real). Evalúa qué asuntos merecen tu atención durante el valioso tiempo de la sesión (alguna cuestión disciplinaria seria, algún padre o madre alterados, etcétera). Delega otras cuestiones a tu personal, según sus capacidades, así tú puedes enfocarte en funciones de liderazgo exclusivas de tu función.

Después de la sesión

1. Nuevamente, ubícate de manera estratégica para despedir y agradecer con alegría a los catequistas y niños (y padres). Es difícil lograr el equilibrio al tratar con un padre o catequista molesto (o amigable) mientras intentas relacionarte con todos. La persona puede comprender que estás ocupado y sabrá esperar unos minutos para hablar en detalle. No te concentres en una sola cosa a menos que sea un tema urgente. Apela a cualquier aspecto encantador de tu personalidad que poseas en este momento especial de gran impacto. ¡Causa una excelente impresión en los demás!

2. Reúnete con tu personal para enterarte de cualquier asunto que debas saber. Si deseas comunicar alguna preocupación que tengas, evalúa si es mejor tratar el tema en ese momento o después.
3. Es necesario que el personal y tú revisen cada lugar utilizado para asegurarse de dejarlo en las condiciones adecuadas.
4. Se debe revisar todo el edificio para verificar que no queden niños. Otro miembro del equipo y tú deben permanecer con los niños en un lugar seguro hasta que lleguen sus padres.

¡Hay muchas partes móviles que conforman una sesión de formación en la fe parroquial! Yo solo nombré algunos elementos clave. El principio más importante es hacerse visible, interactuar y organizar durante este momento de gran impacto del ministerio. Un líder catequético debería evitar estar relegado a una oficina escondida, moviendo muebles o atendiendo el teléfono. Te animo a que intentes formar un equipo que pueda manejar las tareas y responsabilidades menores de la sesión, lo que te permitirá estar libre para liderar. Y también crea esa lista de catequistas suplentes. *El líder no debe desempeñarse como un catequista suplente.* Finalmente, encontrarás que algunas personas se acercan a ti durante las sesiones para darte información o hacerte preguntas. Es completamente justo pedirles que por favor te envíen un correo electrónico para que lo recuerdes. No te sientas mal por hacer esto.

Administrar el programa de formación en la fe

Si bien es probable que no hayamos entrado en el liderazgo catequético porque nos gustan las políticas y el papeleo, la administración es una dimensión clave de la función. Sin una administración sana, reinaría el caos. Resulta útil revisar la palabra *administración*, que literalmente significa "hacia el ministerio". En mi entrevista para mi puesto en la diócesis, recuerdo haber dicho que la administración era un "mal necesario". Y recuerdo que un miembro del consejo de educación religiosa de la diócesis acertadamente cuestionó mi perspectiva al respecto. Si bien las tareas administrativas no tienen el glamur de los momentos de relaciones interpersonales del ministerio a los que llamo de gran impacto, son necesarias y permiten que se desarrolle un buen ministerio.

Busca que el personal de tu oficina de formación en la fe ocupe puestos en los que pueda tener éxito para que no estés inundado de tareas administrativas que te impidan ejercer tu liderazgo. Defiende lo que se necesita y crea una descripción del puesto. Busca contratar a alguien con las capacidades y el interés para llevar a cabo estas tareas. Sin embargo, también puedes buscar a alguien con dones complementarios para que equilibren los tuyos y te hagan más eficaz. Por ejemplo, si sueles apilar cosas, asegúrate de buscar a alguien que sepa archivarlas. La meta es crear un equipo —algo real en cualquier dinámica de personal— en el que el total es mucho más que la suma de las partes.

¡Los sistemas son tus amigos!

Nuestro cerebro está conectado para estimular la formación de hábitos, de manera que cada vez que realizamos una tarea el cerebro no tenga que comenzar desde cero sino que pueda seguir una rutina. Cuanto más creen y se adhieran a buenos sistemas en tu ministerio, tu personal y tú podrán administrar con mayor eficiencia los programas que supervisas. Veamos brevemente algunas dimensiones importantes de la administración catequética (con el enfoque principal en la programación para niños).

Mantener registros: hay mucho que registrar y conservar en un ministerio catequético, en particular cuando se trata con niños. Aquí hay algunas áreas clave:

- *Información del catequista:* se debe mantener un registro en papel y/o digital de cada catequista, incluyendo información personal, contacto de emergencia, información médica, cumplimiento de normativas para un ambiente seguro, documentación de hechos importantes, registro de las actividades de formación a lo largo de los años y niveles de certificación, formularios de evaluación, información sobre intereses/necesidades formativas y planes de desarrollo para el ministerio. Cualquier registro relacionado con el *Estatuto para la protección de menores* (revisión de antecedentes penales, cumplimiento de los módulos de capacitación sobre ambiente seguro de la diócesis) se debe conservar permanentemente (incluso después de que se haya marchado el catequista) según las directrices de la diócesis.
- *Información del niño:* se debe crear, mantener y conservar permanentemente un registro en papel y/o digital de cada niño, incluyendo su inscripción, formularios de permisos médicos y para excursiones, contacto de emergencia, informes de progreso y documentos de comunicaciones con los padres y hechos importantes. Se deben conservar todos los formularios firmados por los padres según las directrices de la diócesis.
- *Información del programa:* se debe conservar la lista de clase y registro de asistencia según las directrices de la diócesis.
- *Documentación de hechos importantes:* Se debe conservar y, por cuestiones de seguridad, digitalizar cualquier registro detallado de algún hecho relacionado con la salud, seguridad, conducta inadecuada (y disciplina), daño a la propiedad y cualquier otro incidente importante. Esto podría incluir tu documentación y la de los demás involucrados.
- *Registros de pagos de la familia (matrícula):* se debe mantener un registro de los pagos, generalmente, mediante un programa de computadora para parroquias. Se debe detallar cualquier acuerdo especial de pagos.

Elaborar un presupuesto: la creación de un presupuesto debe ser parte del programa y el ministerio catequético de todas las parroquias. Crear un presupuesto debería entenderse como una inversión más que como un gasto, y no tiene que ser una tarea tan aterradora como parece. Crear un presupuesto va de la mano de la planificación. (Consulta el capítulo 2 para ver un análisis más profundo de la planificación). El primer paso para crear un presupuesto es comenzar un proceso de planificación con tiempo para el año fiscal (financiero) siguiente. La mayoría de las parroquias comienzan su nuevo año fiscal el 1 de julio, lo que indicaría que el presupuesto debería comenzar a realizarse en el invierno y finalizarse en la primavera. Para los elementos de tu ministerio que se mantienen relativamente estables año tras año, crear un presupuesto puede ser bastante sencillo. Analiza los costos y los ingresos esperados relacionados con las actividades nuevas y constantes del ministerio. Utiliza proyecciones realistas en este proceso. Resiste la tentación natural de ser demasiado optimista. Presenta tu plan y presupuesto según lo solicitado por el párroco (o el consejo financiero de la parroquia). Te será devuelto aprobado o para comentarlo y/o ajustarlo.

Si tu parroquia no tiene un diálogo sobre el proceso presupuestario, comenta la situación con tu párroco o gerente. El solo hecho de que te entreguen, como líder catequético, una cierta cantidad de dinero para gastar no ayuda a nadie. Por un lado, los limita a ti y a otros de manera arbitraria en sus planes de crecimiento y desarrollo. Por otro, puede provocar gastos que no sean la mejor administración de los fondos de la parroquia. (A menudo esta manera de usar un presupuesto se llama "úsalo o piérdelo"). Otra situación habitual es que las parroquias y sus ministerios funcionen sin ningún presupuesto. Esto impide que el líder del ministerio planifique con confianza. Nuevamente, habla sobre el tema y defiende un mejor enfoque para la planificación y administración financiera del ministerio.

Generar ingresos: existen dos columnas en todos los libros financieros y en todos los presupuestos: gastos e ingresos. Por lo general, es la columna de los gastos la que recibe toda la atención. No te olvides de los ingresos. Digo esto con la esperanza de que la generación de ingresos no sea el centro de tu ministerio. Lo ideal sería que no lo fuera. Pero con el aumento de atención en el balance final de las parroquias, también llega la presión para que los programas de educación religiosa generen dinero para la parroquia. Si es necesario recaudar fondos para tu programa, utiliza tu consejo asesor para determinar qué tipos de actividades y eventos disfrutarían las familias. Intenta incluir alguna dimensión que fomente la vida en comunidad y no que solamente sirva para generar dinero. También puedes pensar en crear un programa mediante el cual los feligreses y las organizaciones parroquiales puedan "adoptar" a un niño o familia para ayudarlos a afrontar los costos de formación en la fe. Esta puede ser una manera de ayudar a proveer fondos para niños de hogares con dificultades financieras y una forma de que personas mayores y padres cuyos hijos ya no viven en casa se conecten con familias jóvenes. Procura que todos ganen.

Los líderes parroquiales siempre deben tener en cuenta que el ministerio catequético se menciona en el derecho canónico como una responsabilidad de una parroquia y un derecho del Pueblo de Dios. La formación en la fe es un elemento fundacional de la vida de una parroquia. No existe para ser una fuente de ingresos. Más bien, es una de las áreas en las que la parroquia debe *invertir* para el bienestar espiritual de su pueblo. Traducción: una parroquia debe subvencionar sus operaciones catequéticas (mediante las ofrendas) de manera significativa.

Matrícula: la matrícula y las cuotas son los principales ingresos que genera un programa catequético. A continuación se incluyen algunas sugerencias sobre la política y estructura de la matrícula:

- Presta atención al costo de la matrícula de las parroquias vecinas. A veces, las diferencias son tan grandes que las familias elegirán inscribirse en un programa alternativo para ahorrar dinero. Intenta colaborar con las parroquias vecinas para crear una matrícula justa y relativamente pareja que mitigue esta situación.

- Considera las condiciones económicas y los costos de vida en tu área. Un esquema de matriculación adecuado generará un ingreso óptimo sin ser una carga excesiva para los feligreses ni poner en riesgo su permanencia en el programa de educación religiosa.
- Con el asesoramiento del párroco y el consejo financiero de la parroquia, establece reglas sobre cómo manejar los casos en los que una familia no pueda pagar toda o parte de la matrícula o las cuotas. Nunca se debe negar el acceso de una familia a los recursos catequéticos de una parroquia por su imposibilidad de pago. Tampoco deben sentirse como miembros inferiores de la comunidad. Debemos tratar a esas personas con la toda la dignidad que merecen. Al mismo tiempo, las parroquias tienen el derecho de promover diversos tipos de planes de pagos, de invitar a las familias a prestar servicios voluntarios como forma de pago o incluso a pedir alguna prueba de sus dificultades para validar una beca total o parcial. El liderazgo catequético implica equilibrar continuamente el cuidado por las familias y los individuos con el servicio al bien mayor (en este caso, una corresponsabilidad financiera sólida) de la comunidad parroquial.

Al tratar las dificultades de pago de matrícula con las familias, asegúrate de hacerlo utilizando lo que llamo una "conversación evangelizadora" (en persona, por favor). Este enfoque crea una oportunidad de conversar sobre la situación de la matrícula dentro del contexto del grado de participación en la vida parroquial que tiene una familia, que es más importante. Casi toda la conversación debe centrarse en Cristo y en la fe y la vida católicas. . . no en el dinero. Si se hace con amor y cuidado, será un momento constructivo para el ministerio. Y, desde mi experiencia, algunas familias entrarán más plenamente a una vida católica activa. ¡Solo necesitan que los inviten y animen personalmente!

Inscripción: si bien en el capítulo 6 también se tratan aspectos sobre este tema, permíteme ofrecer algunos puntos aquí. El mejor momento para comenzar con la temporada de inscripción para el año siguiente es antes de la sesión final de ER (o incluso *durante* la sesión final). De esta manera, tendrás cierta idea de cuántos catequistas, libros de texto y suministros y recursos varios se necesitarán. Ofrece descuentos para quienes se inscriban con anticipación. Esto permite hacer un seguimiento durante el verano y al comenzar el otoño. Los paquetes de inscripción deben incluir lo siguiente:

- información sobre el programa de matrículas (sugiere que conversen con el líder sobre dificultades para pagar);
- solicitud de información de contacto habitual y de emergencia;
- formulario de información médica (con toda la información pertinente a la salud, incluyendo alergias, diagnóstico de TDAH y un plan de acción médica para niños con condiciones graves);
- invitación y formulario para que los padres participen en alguna función como voluntarios.

Algunas parroquias están haciendo la transición a la inscripción en línea, sin embargo, sigue siendo necesaria la firma de los padres (en papel o digital). Esfuérzate al máximo por inscribir a las nuevas familias en persona para poder establecer una relación con ellas. También se está comenzando a procesar los pagos de manera electrónica, lo que puede resultar en mayor comodidad y cobros más eficaces.

Finalmente, si tu oficina catequética cierra parte del verano, asegúrate de que la oficina parroquial tenga información sobre el programa, en especial sobre la inscripción y el cobro de las cuotas. No hagas esperar a las personas para inscribirse.

Manuales del programa para los padres: El manual anual del programa que está disponible para los padres antes de cada año catequético puede crearse en papel o en formato digital. Comprende que dicho manual no solo es un resumen importante de información para los padres, sino también un documento legal que permite la participación de los niños en el programa. Ya sea de manera digital o en papel, es necesario obtener la firma de los padres y/o tutores legales expresando su consentimiento a los contenidos del manual. Los elementos habituales en los manuales incluyen:

- Un mensaje de bienvenida, de preferencia del párroco y del líder catequético (recuerda, cada comunicación debe estar diseñada intencionalmente para alimentar la vida de la parroquia).
- Un resumen general, nombres del personal e información de contacto (un imán para el refrigerador o algo por el estilo también son una buena manera de tener a mano la información importante del programa).
- Declaración de la visión y finalidad del programa.
- Una reseña detallada y un calendario de todo el programa (las actividades particulares, como la preparación sacramental, pueden incluirse aquí o en algún material separado para esas familias).
- Información sobre los catequistas (capacitación y requisitos).
- Políticas y procedimientos, entre ellos:
    - políticas de admisión (al programa y a los sacramentos)
    - proceso de inscripción
    - políticas de asistencia

  - relación entre el programa y la familia, incluyendo expectativas/requisitos de participación de los padres y un sistema de comunicación
  - plan de tránsito para entregar y recoger a los niños
  - políticas de visitas y salidas anticipadas
  - procedimientos en caso de emergencias u ocasiones extraordinarias (por el clima, seguridad, incendio)
  - políticas y procedimientos médicos (incluyendo medicamentos)
  - información sobre el progreso
  - políticas de disciplina y despido (un "acuerdo de conducta" firmado por el niño, uno de los padres/tutor legal y el líder catequético constituye un método constructivo de enmarcar la disciplina)
  - varios: vestimenta, dispositivos electrónicos, refrigerios, armas
- Información sobre la comisión de formación en la fe/del consejo de ER.
- Mapas del edificio y campus de la parroquia.
- Políticas pertinentes de la diócesis y recursos necesarios (incluyendo, pero no solo, información sobre protección de menores).
- Un breve y positivo resumen con viñetas del acuerdo entre la parroquia y la familia (qué pide la parroquia a los padres y familias y qué pueden esperar los padres y familias de la parroquia) es un punto excelente para la página final que requiere su firma.

Evaluaciones e informes de progreso: Existen muchas filosofías acerca de cómo evaluar el aprendizaje y la integración en los programas de educación religiosa. En un extremo, hay un enfoque que hace que la formación en la parroquia se parezca mucho a la de la escuela. En el otro, no se realiza ninguna evaluación. En algún punto intermedio se encuentra el equilibrio en el que se miden el aprendizaje y la integración de los contenidos de la fe católica, y se invita a las familias y a los catequistas a mostrar cierto nivel de responsabilidad. Recuerdo al autor y orador Patrick Lencioni que dijo en una presentación que la "responsabilidad es amor" [v.d.t.]. Se debe observar que necesitamos evaluar el aprendizaje *y* la integración. Nuestra meta no es que los niños simplemente sepan en qué creen sino que también que vivan su fe católica. Esfuérzate por lograr que este valor se refleje en tu enfoque de evaluación. Los informes de progreso, si existen, deben ser una evaluación general del progreso y no simplemente la asignación de una calificación.

Estatuto para la protección de niños y jóvenes: Desde 2002, todas las diócesis en los Estados Unidos han desarrollado y supervisado procesos conformes al *Estatuto para la protección de niños y jóvenes* para garantizar que todos los menores al cuidado de la Iglesia estén seguros. La responsabilidad de la administración de procedimientos por parte de la parroquia varía de una a otra. En algunos casos, un líder catequético parroquial es el administrador designado. Entre los elementos de esta responsabilidad se incluyen:

- La aprobación adecuada de los catequistas, incluyendo antecedentes penales y capacitación sobre políticas y procedimientos relacionados con un ambiente seguro.
- Capacitación sobre seguridad y repasos periódicos para menores y padres:
    - Los padres pueden optar por no incluir a los niños en dicha capacitación si prefieren hacerla en casa.
    - En algunos casos, se puede aceptar una capacitación similar realizada en escuelas públicas en lugar de la capacitación en la parroquia.

- Gestión de todos los documentos necesarios.

Los administradores de la parroquia deben consultar con su diócesis local para obtener indicaciones específicas acerca de este esfuerzo importante. Una buena comunicación sobre este tema ayudará a asegurar que haya ambientes seguros para el ministerio con menores, al mismo tiempo que posicionará a la Iglesia como una fuerza poderosa para reducir los episodios de abuso sexual de menores en nuestra sociedad. ¡Qué meta más valiosa! Si bien los elementos de esta administración a veces pueden parecer abrumadores, enfócate en el bien mayor de este trabajo.

Temas administrativos especiales: Por último, aquí hay varios detalles de los sistemas administrativos y operativos sobre los que hay que tomar decisiones:

- *Aspectos sobre custodia:* asegúrate de tener documentos legales que indiquen el estado de custodia de cada uno de los padres. El estado determinará qué derechos y acceso tendrá cada padre.
- *Procedimientos de emergencia:* establece un conjunto de procedimientos para emergencias como incendios, tornados o cierres de seguridad contra intrusos. Ofrece dicha información a los catequistas y a las familias. Realiza simulacros para asegurar una respuesta ordenada y eficaz.
- *Aspectos sobre asistencia:* algunos niños tendrán asistencias irregulares. En caso de enfermedad legítima o dificultades familiares, las parroquias deben ampliar su cuidado pastoral y ofrecer flexibilidad al aplicar la política. Recuerda la exhortación del Papa Francisco: "A menudo nos comportamos como controladores de la gracia y no como facilitadores. Pero la Iglesia no es una aduana, es la casa paterna donde hay lugar para cada uno con su vida a cuestas" (*Evangelii Gaudium*, 47). Si los niños pierden clases porque practican algún deporte u otras actividades, debes conversar con la familia de manera pastoral *antes* de

conversar sobre la posibilidad de desvinculación o no matriculación. Busca una solución equilibrada para que los niños no se sientan castigados y se mantenga adecuadamente el alto valor que se le da a la formación en la fe. Apóyate en una política sólida, establecida y bien comunicada como punto de partida para una conversación pastoral.

- *Excursiones:* si están permitidas, los catequistas y padres deben saber que solo ocurrirá con la aprobación explícita del líder catequético. Cualquier actividad fuera del edificio de las sesiones requiere que los padres completen un formulario de permiso especial. Consulta la política de la diócesis y accede a los formularios aprobados.
- *Revisión de los libros de texto:* realiza una evaluación periódica con los involucrados (catequistas y familias). Si se necesita una revisión y un proceso de selección formales, solicita al consejo de ER que te acompañe. Consulta las políticas curriculares de la diócesis y la publicación trimestral del *Conformity Listing of Catechetical Texts and Series* [Listado de conformidad de textos y colecciones catequéticas] de la USCCB para buscar opciones aprobadas.

En estas líneas no se han mencionado todos los aspectos de la administración. Obtén mayor orientación consultando los procesos parroquiales actuales y preguntando a los líderes de parroquias vecinas y de tu diócesis. Y ten presente que, aunque sea de lo más rutinaria, la administración siempre está al servicio de un ministerio que es pastoral y formativo. Siempre intenta verla en un contexto valioso y positivo.

Resumen: ¡Un candelero con una finalidad!

No se enciende una lámpara para tenerla escondida [o bajo un cajón], sino que se pone en el candelero para que los que entran vean la luz. (Lc 11:33)

Administrar tu programa es ofrecer un candelero en el que puede brillar el ministerio. Ten en cuenta esto al esforzarte por mantener los registros en orden, preparar tu presupuesto y lidiar con los detalles de la inscripción, los manuales para padres y los informes de progreso. El ministerio se basa principalmente en las relaciones personales, así que asegúrate de tener "el tanque lo suficientemente lleno" como para brillar con fuerza en los momentos de gran impacto.

Para reflexionar y conversar

- ¿Tiene el ministerio de formación en la fe el personal administrativo adecuado en tu parroquia para que puedas liderar y desarrollar ministerios?
- James W. Frick, quien por mucho tiempo fue administrador de la Universidad de Notre Dame, dijo: "No me digas dónde están tus prioridades. Muéstrame dónde gastas tu dinero, y yo te diré cuáles son" [v.d.t.]. ¿Qué dice tu presupuesto actual de las prioridades sobre la formación en la fe? ¿En qué debería cambiar para que refleje tu visión y la de la parroquia?
- Nombra el área de administración que menos te guste. Al desarrollar un enfoque *sistemático* puedes dominar el caos y no verlo como tu enemigo.

Madurar como líder catequético

El líder catequético eficaz

CONFERENCIA NACIONAL LIDERAZGO CATEQUÉTICO LOYOLAPRESS.

¡Cada semana es una semana llena de gracia!

Las gracias del...	Lunes	Martes	Miércoles
Jueves	Viernes	Sábado	Domingo

Excelencia en el ministerio: las mejores prácticas para un liderazgo catequético exitoso — Capítulo 5

La autora Ann Garrido explica en su libro *Redeeming Administration* [Redimir la administración]: "[S]i estamos atentos a la gracia potencial presente en las responsabilidades que día a día abordamos como administradores, podemos formarnos y moldearnos de maneras profundas. La clave radica en estar atentos y abiertos a la invitación todos los días" (9) [v.d.t.]. Desarrolla la práctica de dedicar tiempo para nombrar la gracia presente en tu día, incluyendo las cosas pequeñas. . . y también, a veces, las cosas difíciles.

Visita www.loyolapress.com/lce para acceder a la hoja de ejercicios.

Acción sugerida

Cuando te sientas abrumado y que no puedes resolver un problema de manera creativa, sal a caminar o a rezar, o conversa con algún amigo. Vuelve al asunto después de un día o dos.

Recursos adicionales

En español

Fitz, Jennifer: *Manual del manejo de clase para catequistas.* Liguori, MO: Liguori Publications, 2014.

Martín, Juan Andrea, Enríquez Perea, Francisco y Otero, Luis: *Fundamentos de la catequesis.* San Pablo, España.

Portal de recursos de formación: www.ciudadredonda.org.

Talleres virtuales para catequistas. http://ldvm.org/programa-de-reciclaje-cristiano/

En inglés

The Effective DRE: A Skills Development Series: Keeping Records and Budgets [El DER eficaz: una serie para el desarrollo de capacidades: mantener registros y presupuestos]. Ruth Bradley y Mary Ann Taeger (Chicago: Loyola Press, 1998).

Everything about Parish Ministry I Wish I Had Known [Todo lo que me hubiera gustado saber sobre el ministerio parroquial]. Kathy Hendricks (New London, CT: Twenty-Third Publications, 2012).

Redeeming Administration [Redimir la administración]. Ann M. Garrido (Notre Dame, IN: Ave Maria Press, 2013).

Religious Education, Parish and Youth Ministry: Legal Issues for Catechetical and Youth Leaders [Educación religiosa, ministerio parroquial y de jóvenes: asuntos legales para líderes catequéticos y de jóvenes]. Mary Angela Shaughnessy, SCN (Washington, DC: National Catholic Educational Association, 2006).

6
Marketing y el ministerio catequético

Atravesar una crisis

En mis días como líder catequético parroquial, se estimaba que el 50 por ciento de los niños católicos no participaba formalmente en ningún programa de formación en la fe en escuelas católicas ni en programas de educación religiosa en parroquias. Era la década de los noventa. ¡Hoy en día se estima que es el 70 por ciento! Y si interpretas las tendencias de datos, es probable que este porcentaje continúe en aumento a pasos acelerados.

Inicialmente esta información puede desalentar a quienes, como nosotros, amamos a Cristo y la fe católica. Y esto debería alarmar a toda la Iglesia. ¿Estamos en crisis como Iglesia? Parecería que sí. Sin embargo, *crisis* implica un momento decisivo, de encrucijada. Si bien el peligro es obvio, ¿también vemos en mayor o igual medida la oportunidad? Deberíamos, si somos un pueblo de Pascua y Pentecostés.

Primero, ¿cuál es el peligro aquí? En términos sencillos, la tasa de práctica activa de la fe católica, la tasa de personas que se identifican como católicas, la tasa de niños que participan en la formación en la fe podrían continuar en descenso y de manera precipitada. Es posible que en una generación o dos la Iglesia católica en los Estados Unidos se reduzca a un remanente de su tamaño y vigor pasados, como ya ha ocurrido en Europa occidental.

Entonces, ¿cuál es el lado bueno de esto? ¿Dónde está la oportunidad? Hay una gran cantidad de personas que todavía se identifican como católicas, aunque la conexión puede ser muy tenue. Son personas a quienes se puede llegar, involucrar y llevar a una relación más profunda con Cristo y la Iglesia. Estas personas están a nuestro alrededor, probablemente en nuestras propias familias. ¿Estoy seguro que, si hacemos un trabajo brillante de llegar a ellos y formarlos, lograremos que tengan una relación formal con la parroquia? No lo sé. Pero sé que tendremos éxito con algunos de ellos, ¡muchos de ellos, a decir verdad! Si todas las parroquias hicieran un gran trabajo en este aspecto, sospecho que volveríamos a involucrar a decenas de miles de familias en toda la nación. Si las parroquias aprovecharan plenamente la oportunidad de volver a involucrar a estas familias con esfuerzos catequéticos y las *evangelizaran*, entonces ese impulso sería contagioso. Estas personas llevarían su fe católica revitalizada a sus vecindarios y lugares de trabajo. ¡Sería parte de un cambio de rumbo general en la historia de la Iglesia!

San Juan Pablo II reconoció que estamos en una era de *nueva evangelización*, y pidió que la Iglesia preste atención a los bautizados que no están evangelizados. El Papa Francisco ha pedido a todos los miembros de la Iglesia que adoptemos una identidad de discípulos misioneros que buscan con fervor llevar la Buena Nueva de Jesús al corazón y a la vida de los demás. Los líderes catequéticos parroquiales tienen una función sumamente importante en esta visión de renovación de la Iglesia. Debemos ser capaces de imaginar un camino posible hacia la acción constructiva que nos saque de la desesperanza y la inercia. Es necesario que estemos encendidos *nosotros mismos* por Cristo y comprometernos totalmente con la misión de esta nueva evangelización. A la larga, estará en nuestras manos impulsar, gracias al Espíritu Santo, no solo una nueva evangelización ¡sino un nuevo Pentecostés!

Evangelización y promoción externa

En los años setenta, algunas parroquias finalizaban las sesiones reuniéndose en círculo y tomados de las manos rezaban el Padrenuestro ¡mirando hacia afuera! Por cursi que esto pueda parecer, me encanta lo que simboliza. Se comunicaba que nuestra misión es hacia el mundo, no hacia nosotros ni tampoco hacia nuestros feligreses. (A propósito, una misión enfocada hacia afuera, y no centrada en nosotros mismos, es lo que apasiona a los jóvenes). Esa acción generaba un espíritu de nueva evangelización y de ser discípulos misioneros. Ya sea que intentes esto o no con el personal pastoral de la parroquia, el sentido es el mismo: *Nuestra misión es hacia el mundo.* Debemos construir todas las facetas de una parroquia con la pregunta fundamental: "¿Cómo llevará esta acción la Buena Nueva cristiana a nuestros feligreses y a toda la comunidad?". Y enseguida surge una segunda pregunta: "¿Cómo llevamos la palabra —la Palabra— y corremos la voz?".

Primero veamos los ministerios parroquiales en general antes de concentrar la mirada en los ministerios de formación en la fe. En las generaciones pasadas, los medios usados para anunciar y promocionar los eventos y ministerios han sido principalmente 1) de boca a boca y 2) el boletín de la parroquia. Si bien estas formas continúan llegando a los miembros fieles y presentes de la comunidad parroquial, su efectividad ha ido disminuyendo desde hace algún tiempo debido a que hay menos personas que efectivamente participan de la vida de la parroquia.

Un elemento más reciente es la página web de la parroquia. Muchas parroquias han dedicado grandes cantidades de fondos a desarrollar una página web atractiva. Se puede decir que los resultados son variados. Sin embargo, aun con la mejor página web, existe una limitación innegable. "Ellos" tienen que venir a nosotros, a la página de la parroquia. "Ellos" tienen que buscarnos. "Ellos" necesitan cierta motivación para encontrarnos. ¿Qué resultados nos está dando? ¿Ves al marginado, al que está en busca de algo, al que no pertenece a la iglesia tocando a tu puerta digital? Si bien algunas iglesias los ven, lo cierto es que el contacto tiene que ocurrir gracias a *su* iniciativa.

La expectativa de que una página web ingeniosa promocionará de manera eficaz la parroquia a toda la comunidad es tan peligrosa como la autocomplacencia general de la que la Iglesia católica ha sido la principal responsable durante años. "Por supuesto, se casarán por la Iglesia". "Al menos bautizarán a su hijo". Ambas afirmaciones están en franco descenso. Esta autocomplacencia general se ve en maneras incontables. Aquí hay un ejemplo para ilustrar este punto. Cuando los católicos (y otros) se mudan a un vecindario, a menudo se los recibe con una hogaza de pan casero (o algo similar) y una invitación a la iglesia cristiana local. Es raro que haya una parroquia católica con una cultura en la que los feligreses, de manera natural o intencional, den la bienvenida a una nueva familia en el vecindario, sea católica o no. Por lo general, nos quedamos sentados. Y como resultado, la cosecha es pobre.

La actitud de "somos la Iglesia católica, nos encontrarán" no solo no sigue el ejemplo de Jesús sino que también es injustificada. Los Evangelios revelan una y otra vez cómo Jesús se acerca a las personas y va a su encuentro en sus términos, en sus terrenos, y Jesús debe ser nuestro modelo en esto y en todas las cosas. El Papa Francisco, de manera enfática y hasta pintoresca, hizo un llamado para que reestructuremos nuestro entendimiento fundamental del ministerio: "Simplemente reconoceríamos que la salida misionera es el *paradigma de toda obra de la Iglesia* [. . .] hace falta pasar 'de una pastoral de mera conservación a una pastoral decididamente misionera'" (*La alegría del Evangelio*, #15, citando el *Documento de Aparecida*).

¿Estamos de acuerdo en que la mayoría de las personas, católicas y no católicas, no lograrán encontrarnos? No entrarán caminando a nuestros edificios. No mirarán nuestra página web. ¿Por qué? Porque la gran mayoría no nos está buscando. Esta suposición operativa es mucho más segura y precisa que la alternativa. Entonces, sí, asegurémonos de que los relativamente pocos que nos buscan encuentren una comunidad de fe llena de valores católicos como bondad, alegría, cuidado, belleza, misericordia y una experiencia de lo sagrado. Y que las personas que ingresen a la página web de la parroquia la encuentren atractiva, intuitiva y actualizada. Pero, lo que es más importante aún cuando pensamos en los católicos jóvenes marginados y los que están en busca de algo, asegurémonos de que su experiencia de la parroquia sea relacional, relevante y participativa.

Con ese entendimiento en mente, veamos maneras de llegar a las personas que *no* están tratando de encontrar nuestra parroquia ni sus ministerios de formación en la fe.

Crear una cultura de *invitación*

Las iglesias evangélicas son famosas por inculcar en sus miembros un sentido de responsabilidad urgente de acercamiento e invitación. ¿Invitar a quién? ¡Invitar a *todos*! ¡Imagina si nuestras parroquias católicas hicieran lo mismo! Si bien nuestra práctica católica típica ha generado una cultura más pasiva, nuestra teología del Bautismo exige de manera significativa que todos y cada uno de los católicos proclamen la Buena Nueva de Cristo y construyan el Reino de Dios. Es nuestro trabajo como líderes parroquiales, junto con el Espíritu Santo, romper las actitudes mentales de pasividad que se han acumulado como placa en nuestras arterias católicas.

Podemos lograr esto mejor no culpando, sino desafiando con alegría a nuestros feligreses a que adopten su identidad y vocación de evangelización bautismal. Mientras haya progreso en esta área fundamental, el panorama se verá alterado radicalmente. Veremos cómo se libera el poder de invitación del laicado en las oficinas, los vecindarios, los foros en línea y las amistades en todo el mundo.

Alguien que estaba realmente interesado en escuchar más sobre la fe católica me preguntó una vez si tenía un discurso de ascensor. Básicamente, me estaba preguntando si podía resumir mi mensaje sobre la fe católica en unos treinta segundos, el tiempo que una persona comparte con otra en el ascensor. Cuando pensamos en formar una comunidad parroquial más evangelizadora, deberíamos tratar de equipar a las personas con puntos de conversación breves y claros. Luego ellas pueden encontrar su propia manera de darle forma al mensaje de manera que se adapte a su personalidad y experiencia. Hablar de la fe personal en lugar de la fe teórica será, casi siempre, más eficaz.

Romper las tendencias al aislamiento

Una vez fui a misa en una parroquia que comenzaba su misión de Cuaresma esa semana. El párroco siguió el mensaje del presentador de la misión durante la misa con una exhortación adecuada a que los asistentes participaran. La parroquia tenía un orador de misión maravilloso, y los esfuerzos de promoción que se realizaron en la liturgia estuvieron bien hechos. Sin embargo, mi instinto evangelizador sintió inmediatamente que algo faltaba en las palabras del párroco. ¿Tú también lo intuyes?

Si solo los que van a misa asisten a las charlas de la misión, este gran orador predica principalmente para el coro. Si solo el 20 por ciento de nuestros feligreses ya activos van a la misión, deberíamos pedirles a quienes asisten a misa que sean nuestro equipo de relaciones públicas para el resto de la parroquia y, tal vez más importante, para el resto de la comunidad. Le mencioné esto al párroco después de la misa y fue como si se le hubiera encendido una bombilla en la cabeza. Agradeció la sugerencia y dijo que ampliaría la estrategia de promoción y pediría a quienes asisten a misa que inviten a su círculo social.

Como líder catequético, si puedes desarrollar esta capacidad de ver oportunidades más allá de la visión normal, a menudo miope, de la parroquia, con frecuencia causarás líos (tal como nos animó el Papa Francisco) en el *statu quo* y serás una gran bendición para los esfuerzos misioneros de la Iglesia.

Puertas abiertas

Hubo un gran impulso a comienzos del año 2000 para promocionar la Iglesia católica a través de la televisión y la radio con una campaña llamada "Católicos regresen". Se puede debatir acerca de su eficacia, pero una conclusión es cierta: invitar a las personas a que piensen en la fe católica y vivan experiencias en su parroquia católica local es una gran idea, siempre y cuando la parroquia esté preparada para recibir visitas. Lo comparo con la organización de un evento de puertas abiertas, cuando pones tu casa en venta. Primero, limpias y ordenas todo, tal vez le das una mano de pintura, compras algunos muebles nuevos o haces lo necesario para que los visitantes tengan una buena impresión y quieran comprarla.

Esta metáfora puede trasladarse a la vida de una parroquia. Antes de ir a promocionar nuestros ministerios de manera plena y eficaz, debemos trabajar para tener nuestra casa pastoral en orden. Se trata de una ecuación de dos partes: ministerios de calidad *y* promoción eficaz. Sin las dos partes juntas, o bien estamos organizando una gran fiesta a la que nadie vendrá o ¡una fiesta a la que nos gustaría que nadie viniera!

Promoción a la antigua en la comunidad

Piensa en las maneras en que se corre la voz sobre cualquier cosa en tu comunidad. Estarás comenzando a imaginar las posibilidades de cómo puedes promocionar tus programas de formación en la fe. Nombremos solo algunas para empezar:

- medios locales (periódico, radio, televisión, páginas web municipales)
- instituciones públicas (ayuntamiento, biblioteca, etcétera)
- negocios (supermercados, ferreterías, salones de belleza, consultorios médicos, inmobiliarias, etcétera)
- correos dirigidos a nuevos vecinos (puedes comprar esta información) o a todo un código postal

Continúa. Haz una lista de lugares para promocionar la formación en la fe en *tu* comunidad. Pide a otras personas que te ayuden a desarrollar esta lista.

Muy bien, ya tenemos el *dónde*. Hablemos del *qué*, o sea, qué información incluir en tu promoción.

- Un anuncio escrito en los medios de comunicación debe:
    - ser relativamente breve;
    - cubrir lo básico;
    - atraer a las personas a la página web para que busquen más información e
    - incorporar al menos un elemento divertido o inspirador.
- Un buen anuncio en los medios audiovisuales puede:
    - incluir más información sobre tus programas y la parroquia y
    - proporcionar relatos personales y testimonios de fe.

- Un folleto, volante, postal o panfleto debe:
  - imprimirse a color si es posible;
  - limitar la cantidad de palabras;
  - evitar términos religiosos;
  - ser flexible para poder modificarse para un público en particular;
  - usar fotos y otros gráficos e
  - incluir la dirección de la página web de la parroquia.
- Un cartel o letrero debe:
  - ser lo suficientemente grande para adecuarse al lugar;
  - estar en color, tener fotos y gráficos y
  - hablarle al público.

Carteles

No se necesita decir mucho sobre este medio de promoción tradicional. Sin embargo, no se debe omitir el uso de carteles en un plan de promoción. Recuerda que una parroquia no se limita a sus carteles formales y permanentes. Considera la colocación de carteles o letreros en diferentes ubicaciones estratégicas en la parroquia. Los carteles en los parques son particularmente eficaces. Para lograr un mayor impacto, intenta pedir a los feligreses que también hagan anuncios de promoción en su residencia.

Lugares fuera de la parroquia

He dado varias charlas de *Theology-on-Tap* [Teología a tu disposición], un ministerio de jóvenes adultos, a lo largo de los años, y muchas ocurrieron en lugares que crearon oportunidades de interacción con la comunidad más amplia. Algunas fueron en restaurantes o bares, algunas en parques, otras en lugares de fácil acceso dentro de las instalaciones de la parroquia. Recuerdo haber visto a personas que pasaban por allí y se paraban a escuchar, y a veces hasta se unían al acto. Algunos preguntaban sobre el evento y se veían verdaderamente interesados al descubrir que se trataba de un grupo de católicos creciendo en su fe. Busca maneras de llevar el ministerio de la parroquia a lugares públicos.

Redes sociales

Las redes sociales son un importante vehículo rápido, y en constante evolución, para llegar a las personas donde viven hoy: en línea. Sin lugar a dudas, la publicidad digital debe ser el centro de promoción de los ministerios parroquiales y de oportunidades de formación en la fe. Las parroquias y los programas catequéticos que eligen ignorar este poderoso medio de comunicación y acercamiento corren más peligro del que imaginan.

A continuación hay algunos principios clave para el uso parroquial eficaz de las redes sociales:

1. Crea una campaña en Facebook (u otra red social) e invita a *todos* los feligreses y a los demás a inscribirse. Crea grandes expectativas.
2. Cambia las fotos de perfil y portada con frecuencia para que la página se vea fresca.
3. Los *me gusta* y *compartir* son muy importantes al momento de hacer correr la voz en Facebook. Pide a los feligreses y amigos que den *me gusta* y colaboren al *compartir* frecuentemente.
4. Una publicación promocionada de manera periódica y estratégica, lo que se llama un *boost*, por la que se paga una pequeña tarifa, puede hacer arrancar una campaña y ampliar tu alcance.

En comparación con los esfuerzos de promoción tradicional, una parroquia puede hacer valer mucho su dinero con una publicación promocionada.

5. Haz publicaciones en redes sociales con cierta regularidad, diariamente si es posible. La inactividad envía el mensaje equivocado sobre la vitalidad de la parroquia.
6. Revisa la página o el sitio con regularidad y responde a los mensajes al poco tiempo.
7. Crea configuraciones de seguridad para poder aprobar/moderar los comentarios que se publican.
8. Observa la actividad de otras parroquias que tengan un ministerio eficaz en redes sociales y aprende de su experiencia.

Todos estos principios dan por sentado que el contenido que se ofrece a los visitantes es bueno: teológicamente sólido, interesante, oportuno, inspirador y atractivo. Obviamente, nada de esto ocurre por accidente. Una o más personas deberán dirigir y controlar este esfuerzo. Esta es una oportunidad perfecta para solicitar la ayuda de jóvenes adultos. Esta inversión en recursos humanos y materiales puede generar grandes dividendos para las parroquias, en términos de mayor participación y la disponibilidad de contenidos para la formación en la fe.

Lo cierto es que las redes sociales son una manera de llegar a los feligreses. Una parroquia de mi diócesis planificó el lanzamiento de su página de Facebook y creó mucha expectativa. El primer día, más de quinientos feligreses se unieron. Además de llegar a los feligreses, no obstante, tu participación en redes sociales también puede convertirse en un medio de promoción en toda la comunidad.

Promocionar tu programa de educación religiosa

La mayoría de las estrategias que hemos cubierto hasta ahora para promocionar las oportunidades de formación en la fe de toda la parroquia pueden y deben aplicarse en los programas de formación en la fe para niños. Veamos algunas ideas específicas para los programas de educación religiosa.

¡Involucra a los padres!

Tu mejor recurso para la promoción de un programa parroquial de formación en la fe son los padres. Esto da resultados si ellos realmente aceptan compartir información sobre el programa (y, preferiblemente, de la parroquia) con sus vecinos, compañeros de trabajo, etcétera. Conozco muy pocas parroquias que piden intencionalmente a los padres que promocionen el programa de formación en la fe de los niños a otros. Un método práctico podría ser el programa de *recomendaciones*, en el que cualquier familia que ingrese al programa puede mencionar a la familia de la parroquia que los ayudó a acercarse. Tanto la familia existente como la nueva podrían recibir un descuento en su matrícula del año. Esta sería una pequeña manera de resaltar un tema importante: la parroquia busca a más familias a quienes servir. Y cada padre (y niño, en realidad) puede estar en constante búsqueda en este esfuerzo (más por responder a su llamado bautismal de proclamar a Jesús que por obtener un descuento en la matrícula, por supuesto).

Promoción local para programas de educación religiosa

Recuerda que la mayoría de los niños católicos no están en una escuela católica ni en un programa catequético parroquial. La base de datos de tu programa *no* es el único mercado al que necesitas llegar. La base de datos de tu parroquia tampoco. En una era de evangelización y acercamiento, se nos pide que superemos ese enfoque y promocionemos nuestro ministerio para niños y familias más allá de nuestro público objetivo.

Además, ten en cuenta que deberás estar en actitud de promoción con las familias actuales de tu programa de formación en la fe durante todo el año, no solo en el momento de la inscripción. Las familias juzgan constantemente si volverán o no el año próximo. Es triste, pero cierto, que no puedes dar nada por sentado con respecto a la participación continua de una familia en la formación en la fe.

Dos aspectos sencillos de la promoción deben guiar nuestros esfuerzos por llegar a las familias con la esperanza de alcanzar y enseñar a tantos niños como sea posible.

- **Ampliar la base:** Además de ofrecer materiales de inscripción atractivos e inclusivos a todas las familias de la parroquia con niños en edad catequética (y hacer un seguimiento), el líder catequético evangelizador está haciendo y aprovechando todas las conexiones posibles para correr la voz en la comunidad. Lo ideal es que un líder así empodere y delegue en otros para que salgan y difundan la voz con letreros en los parques, carteles, volantes, medios de comunicación, etcétera, como se describió más arriba en este capítulo. Usa todos tus contactos y un acercamiento creativo para asegurar que cada familia de tu comunidad conozca tu excelente programa de formación en la fe para niños y que sepan que son más que bienvenidas. Piensa en los lugares donde se debe prestar especial atención: actividades deportivas, consultorios pediátricos, cualquier lugar al que vayan padres e hijos, físicamente y en línea. Uno de los logros más emocionantes que viví es conseguir que las escuelas públicas colaboraran en la difusión de información de formación en la fe parroquial. ¡Imagina si pudieras establecer esto con éxito en tu comunidad! Es posible y puede significar una gran diferencia. Contacta a los administradores/consejos escolares de las escuelas públicas locales para analizar esta opción.

- **Continuidad:** Un plan de promoción para las familias de hoy debe tener varias etapas. Aquí hay un ejemplo:

  1. Imaginemos que entre abril y mayo son los primeros momentos para promocionar la inscripción (con, tal vez, el 1 de julio como fecha límite inicial).
  2. Julio es, entonces, el momento de enviar un recordatorio a las familias que aún no se han inscrito (con el 15 de agosto como fecha límite).
  3. Luego de la fecha límite, otras personas y tú llaman personalmente para invitar y animar a las familias a que se inscriban. Asegúrate de *escuchar* a los padres con interés y empatía al intentar traerlos a la iglesia. Hay una frase atribuida a Theodore Roosevelt que puede usarse aquí: "A las personas no les importará cuánto sabes hasta que sepan cuánto te importan" [v.d.t.].

Extendernos por Cristo

A menudo las personas se inscriben tarde en los programas de formación en la fe. No lo tomes como algo personal ni permitas que te frustre demasiado. Más bien, crea un proceso para reducir esta tendencia y afirma las acciones positivas, como ofrecer descuentos por inscripción temprana. Aun así, acepta a familias que lo hacen tarde. Puedes aumentar los esfuerzos por llegar a las familias incluso *después* del comienzo del año catequético. Piensa en septiembre y octubre como una segunda temporada de promoción. Las personas están de vuelta del receso de verano, los niños ya están nuevamente en la escuela, y ahora están listos para considerar la posibilidad de una formación parroquial en la fe. Es una oportunidad de hacer un último y apasionado llamado a las familias de la parroquia. Sin duda, este esfuerzo atraerá a algunas familias que, de otra manera, hubieran creído que se lo habían perdido.

Plantilla de invitación y participación

Aquí hay un ejemplo de una invitación para que las familias contemplen si desean participar en tu programa parroquial de educación religiosa.

> La parroquia de ____________________ le invita a usted y a su familia a explorar la Buena Nueva de Jesucristo y la fe católica. ¡Contemple la idea de cultivar su fe con nosotros! Animamos a todas las familias católicas a participar en este programa de formación en la fe y hacemos una invitación especial a las familias no católicas interesadas en aprender más sobre las oportunidades de formación en la fe en nuestra parroquia. ¡Las sesiones de educación religiosa para niños están por comenzar! Contacte con ____________________ en ____________________.

Considera la opción de incluir una invitación como esta en el boletín de la parroquia, en la página web o del programa de educación religiosa, en tu boletín informativo de ER, en redes sociales, en el periódico local, etcétera. Haz esto periódicamente a lo largo del año. Las familias se mudan a la comunidad y la vida de las personas cambia, no según nuestro reloj, sino en el tiempo de la gracia de Dios. ¡Continúa invitando a todo mundo! Luego conversa con ellos acerca del siguiente mejor paso para su familia. Si no es posible que ingresen inmediatamente al programa, prepárate para explorar otras opciones, como la educación en el hogar durante las semanas/meses restantes del año o un proceso que vaya en paralelo a tu programa actual. (Y escucha los deseos espirituales de los padres, posiblemente sea la conversación más importante que tengas).

Las oportunidades para promocionar tu programa de educación religiosa son infinitas: organizar "Domingos de formación en la fe" para resaltar el programa de ER antes, durante y después de misa; publicar perfiles y testimonios de niños, padres y catequistas en el boletín de la parroquia; compartir videos con testimonios en la página web y en el perfil de Facebook; organizar una jornada de puertas abiertas y más. Cualquier acción, por muy pequeña que sea, que hagas para promocionar y ofrecer tu programa de educación religiosa ¡es un esfuerzo por acercar a las personas a Cristo!

Resumen: vayan y busquen invitados

Vayan a los cruces de caminos y a cuantos encuentren invítenlos a la boda. (Mt 22:9)

Jesús dejó claro que vino para salvar a todos. Somos corresponsables de la Buena Nueva no solo para los feligreses ¡sino para todos! Debemos usar nuevos medios para llegar a la gente y extendernos más allá de las prácticas habituales, con la mente puesta en que la mayoría de las personas no nos están buscando.

Para reflexionar y conversar

- Imagínate a ti mismo como un católico inactivo o alguien que está en busca de algo y que visita *tu* parroquia por primera vez. ¿Cuál sería tu experiencia? ¿Cómo te sentirías?
- ¿Cómo pueden las parroquias formar a todos los feligreses para que adopten su identidad y llamado bautismal de extenderse a los demás y compartir el Evangelio?

Madurar como líder catequético

Podemos centrar la atención tanto en las personas que tenemos delante, que perdemos nuestra visión periférica y olvidamos a quienes no están allí. ¿Puedes desarrollar una mejor visión más allá de "los de siempre"? Trabaja con otras personas para crear una estrategia de promoción basada en los valores de la evangelización.

Visita www.loyolapress.com/lce para acceder a la hoja de ejercicios.

El líder catequético eficaz

CONFERENCIA NACIONAL LIDERAZGO CATEQUÉTICO

LOYOLAPRESS.

Una estrategia evangelizadora para la promoción

No basta con preparar una fiesta sorprendente: ¡debes salir y conseguir invitados para que disfruten esa fiesta! Hoy día, la mayoría de las personas no nos busca a nosotros (la Iglesia), por eso debemos descubrir nuevas maneras de conectarnos con ellas allí donde estén. Cualquier planificación de eventos, campañas o programas parroquiales debe incluir una estrategia para alcanzar y atraer eficazmente a las personas, en la parroquia y más allá. Tenemos las mejores noticias de todos los tiempos: el Evangelio. Y tenemos el mejor agente de promoción: el Espíritu Santo. Solo pueden detenernos la falta de imaginación o la falta de entusiasmo. Utiliza esta plantilla para poner en marcha tus capacidades de promoción. Suma a otros para que te ayuden a imaginar las posibilidades.

¿Qué estamos promocionando? *Evento • campaña • programa • ministerio*

¿Cuál es nuestro mensaje? *Título atractivo • satisfacer las necesidades/los intereses del público • positivo • amigable • no intimidatorio • dinámico • colorido • atractivo*

Banco de ideas *para el qué o el cómo*

- Equipar/motivar a los feligreses para que inviten a otros
- Publicidad escrita o artículo o /entrevista
- Volante / panfleto / tarjeta / folleto
- Anuncio / letrero
- Cartelería
- Llamadas telefónicas
- Evento: a puertas abiertas, sede fuera de la parroquia, feria
- ______

	Quién hará qué ahora	...en el futuro cercano	...más adelante
Comunidad parroquial • Anuncios masivos • Boletín • Puestos digitales fuera y dentro • Carta a los feligreses (o algo similar) • Envío masivo de correo electrónico • Parroquias vecinas			
Comunidad virtual • Página web • Pinterest • YouTube • Podcast • Página o anuncio de Facebook • Blog • Twitter • Instagram			
Comunidad cívica • Medios de comunicación: periódico, radio, televisión • Instituciones: escuelas públicas, bibliotecas, sedes deportivas • Negocios locales • Correo masivo			

Excelencia en el ministerio: las mejores prácticas para un liderazgo catequético exitoso Capítulo 6

Acción sugerida

Los buenos líderes *comunican excesivamente* las cosas, interna y externamente. Busca maneras de llevar a cabo esta práctica. Un ejemplo: publica el calendario del programa con anticipación y en diferentes medios. Luego ofrece recordatorios de los eventos a mediano y corto plazo de distintas maneras.

Recursos adicionales

En español

Biemmi, Enzo y Derroite, Henri: *Nuevos escenarios en catequesis.* Madrid, España: Editorial CCS, Serie Sal y Luz, 2015.

Conferencia de Obispos Católicos de los Estados Unidos: *Vayan y hagan discípulos. Plan y estrategia nacional para la evangelización católica en los Estados Unidos.* Washington, DC: Conferencia de Obispos Católicos de los Estados Unidos, 1992, 2002.

Ibarrondo, Xabier Picaza: *Nueva Biblia de los pobres. Catequesis bíblica*. Bilbao, España: Editorial Desclée de Brouwer, 1991.

Ospino, Hosffman: *Evangelización y catequesis en el ministerio hispano*. Liguori, MO: Liguori Publications, 2013.

En inglés

Elements of Internal Church Marketing [Elementos de la promoción interna de la Iglesia]. Chip Tudor (Chip Tudor Communications, 2014).

Ministry Marketing Made Easy: A Practical Guide to Marketing Your Church Message [La promoción del ministerio hecha fácil: guía práctica para promocionar el mensaje de tu iglesia]. Yvonne Prehn (Eugene, OR: Wipf & Stock, 2012).

Teaching the Spirit of Mission Ad Gentes: Continuing Pentecost Today: A Statement of the United States Conference of Catholic Bishops [Enseñar el espíritu de la misión *ad gentes:* continuar Pentecostés hoy: una declaración de la Conferencia de Obispos Católicos de los Estados Unidos]. (Washington, DC: Conferencia de Obispos Católicos de los Estados Unidos, junio 2005).

7

Enfoques pastorales para reunir e involucrar al Pueblo de Dios

Todo es formativo

Cualquier cosita que haga la parroquia (e insisto en cualquiera) tiene una función en la formación de las personas, desde el acontecimiento más grande hasta el gesto más pequeño y espontáneo, una parroquia está formando a su pueblo todo el tiempo. O, lamentablemente en muchos casos, formando a su pueblo de manera inadecuada. Aquí hay un ejemplo:

Una mujer llama a la parroquia para averiguar los horarios de la misa. La secretaria responde la llamada con. . .

- Situación 1: amabilidad, paciencia y una voz amigable, que invita a una mayor participación.
- Situación 2: apuro y un tono frío que hace que quien llama se cierre emocionalmente.

A simple vista, no hace falta decir mucho este ejemplo. La llamada telefónica puede promover la misión de la Iglesia, puede ser una oportunidad perdida para lograrlo o puede, incluso, perjudicar la misión de la Iglesia, que consiste en atraer y formar a las personas para el discipulado. La relación que la persona que llama tiene con la parroquia (y la Iglesia) afectará el resultado. Si quien llama es un católico activo, puede ser que la llamada no tenga demasiado efecto cualquiera que sea el caso. Si, por el contrario, la persona es un católico no comprometido o un aventurero religioso, el impacto de ese sencillo intercambio podría ser la diferencia entre si una persona (y una familia) termina formando una relación con Cristo y la parroquia ¡o no!

Puede parecer una exageración de lo que está en juego con una simple llamada telefónica sobre el horario de la misa o la matrícula de ER o los horarios de Confirmación, pero no lo es, al menos potencialmente. Lo que todos los miembros del personal de la parroquia (y en última instancia, todos los miembros de una parroquia) deben comprender y aceptar es que cualquier cosita que hacemos y comunicamos (incluso aquellas en las instalaciones de la parroquia, nuestra presencia digital, el boletín parroquial, etcétera) funciona a favor o en contra de formar y evangelizar a las personas.

Ocúpate de las pequeñeces

Me gustaría que detengas la lectura un momento e imagines tu parroquia. Pregúntate lo siguiente: ¿Están limpios los baños? ¿Hay rótulos y carteles adecuados y útiles? ¿Es confortable la temperatura? ¿Se escucha con claridad el sistema de sonido? ¿Es atractiva y está actualizada la página web? Aquí hay una pregunta de la cual me encanta hablar: ¿Los feligreses y el personal reciben a las personas y les dan una cálida bienvenida, o al menos tienen contacto visual amigable con los demás?

He estado en parroquias en las que el contacto visual parece ocurrir naturalmente. (Me pregunto si la parroquia ha trabajado en esto intencionalmente). He estado en otros lugares en los que ¡Dios nos libre si las personas miran a los demás, sobre todo a un extraño! ¡Qué ambiente tan diferente proyectan estas parroquias, especialmente a los que no son parte de ellas!

Si no crees que todo detalle de una parroquia es potencialmente formativo sobre nuestra percepción de la Iglesia y nuestra relación con ella (y por lo tanto, a menudo, por extensión, nuestra relación con Dios), te invito a que visites otra parroquia. Mejor aún, ve a una iglesia cristiana que no sea católica. Observa y escucha. Cuando estés como pez fuera del agua, tus sentidos se agudizarán para percibir cómo te impacta cada cosa. Luego, vuelve y trata de ver tu parroquia con nuevos ojos.

Los negocios conocen esta dinámica. Ve a un restaurante o tienda e intenta identificar todo lo que fue puesto en su lugar intencionalmente para atraerte, convencerte y hacerte fiel a su marca. Cuanto más mires, más encontrarás: la música, los colores, la iluminación, la ubicación de los productos y el comportamiento del personal de venta. Del mismo modo, las parroquias exitosas son *intencionales*. ¡Las parroquias con vitalidad y en crecimiento saben que los pequeños detalles importan! Pueden abrir las puertas a nuevas relaciones y hacer que la evangelización y la formación sean posibles.

Intencionalidad y atención

La parroquia exitosa (la llamaremos parroquia evangelizadora) presta especial atención a las cosas que parecen pequeñas y que sirven a la misión de Cristo y la Iglesia. Volvamos al ejemplo de la llamada telefónica mencionado anteriormente. Una parroquia evangelizadora y solidaria no supondrá que la persona que llama preguntando por los horarios de misa es un católico bueno y fiel que no se verá afectado por el tono de la respuesta. No, la parroquia exitosa supondrá lo contrario. Cada una de las llamadas —y cualquier tipo de contacto interpersonal— es una oportunidad de dar una buena impresión a las personas y sus familias, de atraerlas a Cristo y a la comunidad de fe de esta parroquia.

La lección para los líderes catequéticos es que deben poner intencionalidad y atención a los pequeños detalles de la vida y función del programa y la parroquia, no solo a los asuntos grandes e importantes.

¡Cada momento, cada encuentro es una oportunidad para la misión! Las pequeñeces determinan si estamos iniciando a alguien en la fe.

Este hecho puede parecer abrumador, pero es cierto. Podemos alejar a una persona (y familia) activa y comprometida con nuestra falta de empatía y atención. Y, con la gracia de Dios, podemos ayudar a fomentar una fe católica viva en una familia que no está comprometida o una persona que no asiste a la iglesia mediante una actitud cálida, hospitalaria y acogedora. Es nuestra elección.

Aférrate a estos principios fundamentales mientras indagamos en prácticas del liderazgo catequético para involucrar a las personas de manera eficaz. Observemos los diferentes tipos de *reuniones* con los feligreses y con personas que exploran la fe.

Encuentros

Defino los *encuentros* como reuniones no programadas con individuos o grupos pequeños. Los encuentros pueden ser visitas espontáneas a tu oficina o encuentros casuales en las instalaciones de la parroquia u otro lugar, como alguna tienda, por ejemplo. Solo porque algo no está programado no significa que no sea importante. El encuentro por casualidad y la visita intencional pero no programada pueden ser obra del Espíritu Santo. La manera en que recibimos a una persona puede marcar una gran diferencia, si cooperamos con el Espíritu o servimos para bloquear su gracia.

Digamos que, durante una sesión de formación en la fe, tienes un compromiso programado en diez minutos o estás ocupado con otras responsabilidades. Es absolutamente adecuado comunicar esto a la persona o personas con quienes piensas tener un encuentro que no es una emergencia. Pero primero, ¡expresa una alegría genuina de verlos! La persona con quien tienes programado un encuentro merece respeto y prontitud de tu parte. Comunicar esto permite que la persona frente a ti se adapte a tus limitaciones de tiempo.

Aparte de tener un compromiso urgente, un líder catequético debe tratar de estar listo para cualquier encuentro espontáneo. Posiblemente sientas que este encuentro es un obstáculo en el curso planificado de tu día. Pero haz tu mejor esfuerzo por hacer los ajustes internos para ver este momento como una bendición, como un momento de oportunidad para seguir las mociones del Espíritu Santo y como una oportunidad de hacer algo hermoso para Dios. Hay un proverbio en el círculo del ministerio que dice así: "En mi ministerio solía tener interrupciones constantes. Ahora puedo ver que las interrupciones *son* mi ministerio".

Para todos esos encuentros, procura hacer lo siguiente:

- Busca un lugar agradable para la conversación.
- Si estás en tu oficina, evita sentarte detrás de tu escritorio (lo que comunica poder e inaccesibilidad), si es posible.
- Ofrece hospitalidad (cuelga su abrigo, ofrece un refrigerio).
- Evita mirar el reloj o parecer impaciente y distraído.
- Presta atención a tu lenguaje corporal y tus reacciones emocionales.
- Escucha con atención las esperanzas dichas y no dichas y las necesidades de la persona, y pon a la otra persona primero.
- Cuando sea necesario, busca la forma de llegar a una conclusión constructiva, incluyendo una posible visita de seguimiento o una recomendación a alguien más.

Fuiste llamado para servir a la persona delante de ti en el nombre de Jesucristo y la Iglesia. Posiblemente requiera mucha energía mental estar verdaderamente presente para la otra persona, sobre todo cuando no estaba en tus planes. Mira a la persona delante de ti, en todo momento, como la persona más importante en el mundo. . . de hecho, como el rostro de Jesús. Si puedes desarrollar esta disciplina pastoral, no estás, como dice la Biblia, lejos del Reino de Dios.

Una líder catequética que conozco creó un lugar cómodo para servir café, con diversas cremas y bocadillos dulces. Anunciaba que los feligreses eran bienvenidos si pasaban a tomar un café o de visita (si ella estaba disponible) o a leer algunos de los recursos catequéticos y espirituales que había allí. Siempre tenía las puertas abiertas y con cuidado personal. ¡Qué gran predisposición!

Ya que mencioné todo esto, permíteme hacer una advertencia: un líder catequético tiene trabajo que hacer. Hay expectativas que el párroco espera que satisfaga, llamadas que devolver y fechas de entrega que cumplir. La presencia pastoral debe ser un valor importante, pero debe llevarse a cabo de acuerdo con los otros valores de la función. No hay una receta para encontrar el equilibrio perfecto aquí. Simplemente sugiero que tengas a las personas como la prioridad, como lo dice el Papa Francisco en *La alegría del Evangelio*. Asegúrate de estar plenamente presente *con* las personas (y no te distraigas) lo más que puedas. Cuando no puedas darles tu tiempo y atención, simplemente sé honesto, explica la situación y busca otra oportunidad para estar con ellas.

¿Qué es lo más importante cuando nos relacionamos con otra persona? Te sorprendería saber que la mayor parte de la información recibida en una interacción interpersonal no es mediante las palabras sino mediante las expresiones faciales y la entonación vocal. Presta atención a tu comportamiento, porque importa más que lo que te puedes imaginar.

Siempre eres el rostro de la parroquia, el rostro de la Iglesia, sin importar dónde ni cuándo. Quizás no sea lo que deseas. Es probable que no te sientas merecedor de ser percibido como el rostro de la Iglesia. Sin embargo, es parte integrante de la función del líder catequético. Acepta este puesto privilegiado con humildad. Reza pidiendo la gracia de representar a la Iglesia, tanto en los momentos planeados de tu ministerio como en las sorpresas.

Citas

Por lo general, las citas planeadas son más fáciles de conducir porque tenemos la oportunidad de preparar nuestros pensamientos y nuestras palabras. A menudo conocemos el propósito de la reunión y la personalidad (o las personalidades) de aquellos con quienes nos reunimos, lo que puede darnos una medida de confianza y orientación. Los líderes que prefieren ser muy organizados se sentirán bien al tener un segmento del día planificado y poder cumplir con sus deberes.

Aquí hay algunas ideas particulares para las citas planificadas:

- Sé puntual o llega un poco antes, ya sea que la reunión sea en tu territorio o en otro lugar.
- Llega preparado con la información necesaria y el deseo de satisfacer las necesidades de la otra persona o personas.
- Concéntrate en el propósito de la reunión, y sé intuitivo y flexible si es necesario.
- Presta atención a la duración de la reunión por el bien de todos.
- Por lo general, evita programar citas consecutivas, en caso de que se necesite un poco más de tiempo.
- Reúnete fuera del ámbito de la parroquia, sobre todo con alguien que no sea muy cercano a la Iglesia.

Oración intercesora y ministerio

Ya que eres un líder catequético, los feligreses compartirán toda clase de noticias difíciles (y alegres) contigo y, a menudo, pedirán que reces por ellos. Aquí hay algunas sugerencias para responder de manera pastoral:

- Venera estas ocasiones como oportunidades de fe profunda.
- Evalúa si están buscando algún cuidado pastoral al compartir su situación.

- Pregunta si les gustaría ampliar el círculo de oración para incluir a partes de la comunidad o a toda la parroquia.
- Si prometes rezar por ellos, deja todo lo que estás haciendo y hazlo inmediatamente después de la llamada o correo electrónico.
- Comienza un cuaderno dedicado a llevar un registro de las peticiones de oración.
- Desarrolla la práctica de llevar estas intenciones con regularidad ante el Santísimo Sacramento en la iglesia.
- Busca maneras de verificar cómo van las cosas con la persona.
- Considera la opción de no solo prometer que rezarás *por* sino también que rezarás *con* la persona en el momento.
- Reúnanse como líderes parroquiales para rezar por estas intenciones.

Pautas para una comunicación eficaz

Gran parte de tu interrelación con los feligreses puede darse por teléfono o correo electrónico. Aquí hay algunas pautas para que estos intercambios sean constructivos para la misión de Jesús y la Iglesia.

Llamadas telefónicas

- Responde cada llamada con un tono profesional agradable y muéstrate contento de hablar con la persona. Cuanto más difícil es la situación o la persona, tanto más importante es tener esto en cuenta. El tono de la conversación se establece en los primeros segundos. (Intenta sonreír mientras respondes o haces una llamada telefónica. ¡Te será útil!).
- Más que si fuera en persona, las *habilidades de escucha activa* son vitales.

  - Brinda a las personas el tiempo y espacio que necesitan para compartir sus ideas y sentimientos.
  - Da señales verbales periódicas de que estás "con" ellos.
  - Asegúrate de que se sientan escuchados, entendidos y respetados respondiendo con algo de lo que están compartiendo dicho de otra manera.
  - Reconoce el valor de sus buenas intenciones (peticiones de oración) y afírmalas siempre que sea posible.
- Con paciencia, busca oportunidades para compartir información y tu perspectiva en lo que, en última instancia, debería ser un diálogo.
- Si hay tensión o desacuerdos, evita agudizar el tono o elevar el volumen de voz.
- Considera la opción de tomar nota para registrar los temas tratados o envía un correo electrónico para resumir la conversación.
- Devuelve las llamadas lo antes posible. En general, trátalas con mayor prioridad que los correos electrónicos.
- Deja mensajes que incluyan información breve pero pertinente y añade un toque personal cuando sea posible.

Ya sea telefónicamente o en persona, he descubierto que puedes decirle casi cualquier cosa a cualquier persona, siempre y cuando lo hagas con respeto y empatía. ¡El tono es la clave! Indica a las personas que estás de su lado, incluso si no estás de acuerdo o no puedes darles lo que quieren. Establece cualquier contacto (en persona, por teléfono o correo electrónico) con el deseo de decir que sí siempre que sea posible y el valor de decir que no cuando sea necesario. Pero cuando haya un no, siempre busca alternativas. . . una "tercera manera" creativa. A menudo, esta termina siendo una manera en la que todos ganan.

Correos electrónicos, mensajes de texto y tuits

- Responde los mensajes de los feligreses con prontitud, en menos de veinticuatro horas, si es posible.
- Evalúa si una llamada telefónica sería más útil, y dedica el tiempo adicional que habitualmente lleva una llamada.
- Sé tan agradable como te lo permitan el medio y la dinámica en particular.
- Espera lo mejor (y no lo peor) de las intenciones de la persona. Evita el cinismo y no te pongas a la defensiva.
- Pon especial cuidado en comunicarte con claridad y detenimiento.
- Evita palabras que puedan ser interpretadas razonablemente como sarcásticas o mordaces.
- Lee tus correos electrónicos, mensajes de texto y tuits antes de enviarlos, para asegurarte de que sean profesionales. Espera una hora (o un día) antes de enviarlos si tienes dudas o si el tema es demasiado tenso.
- Siempre considera qué correos electrónicos, mensajes de texto o conversaciones de Twitter deben conservarse, ya sea digitalmente o en papel. Evalúa los efectos a largo plazo y, si tienes dudas, consérvalos al menos durante un tiempo.

Los correos electrónicos, mensajes de texto y tuits son medios de comunicación excelentes para el ministerio. Son formas de estar en contacto con individuos y grupos que fomentan una conversación con eficacia y ofrecen información. Aprecio mucho que ofrecen una especie de documentación, lo cual es útil como recordatorio y para que no haya duda de lo dicho, para mí y para otras personas. Utiliza estas herramientas maravillosas para mejorar tu habilidad de ser cercano y productivo.

Una advertencia con respecto a los correos electrónicos, mensajes de texto y tuits: pueden ser malinterpretados, como es posible que ya sepas. No tienen el matiz que ofrecen los encuentros cara a cara y los telefónicos. Mi sugerencia de protocolo es que seas cauteloso. La comunicación vía redes sociales puede, por desgracia, convertir un pequeño malentendido en una crisis. Y recuerda, también estás creando una documentación para el receptor. Tu comunicación puede ser compartida con otros y ser usada en tu contra. Elabora tus mensajes con esto en mente. Ser claro y cortés es siempre la manera de proceder.

Considera cualquier mensaje en redes sociales como una oportunidad de hacer ministerio más allá del propósito inicial particular. A esto lo llamo tener una "visión ministerial periférica". Esta visión, que mira más allá de lo inmediato y está abierta al Espíritu Santo, debe aplicarse en todos los encuentros, pero parece hecha especialmente para los mensajes en las redes sociales. Hazte estas preguntas: ¿Cómo puedo invitar a esta persona a una relación más profunda con Cristo y la parroquia? ¿Qué asuntos subyacentes pueden salir a la superficie para su cuidado y remedio? ¿Con quién más puedo conectar a esta persona? ¿Qué recurso de la web sería útil compartir?

Quiero enfatizar el valor de ser cauteloso con el tono y contenido de tus mensajes. Me asombra con cuánta frecuencia mis pequeños mensajes que expresan interés o preocupación particular, compartiendo cosas de mi vida o simplemente deseando el bien han hecho una gran diferencia en mi receptor. Dedica tiempo a ser amable y personal. Es la mejor inversión del minuto extra que puedes hacer, ya que estás invirtiendo en las relaciones. Y siempre considera añadir una respuesta que exprese algo que se necesita mucho en nuestra sociedad actual: *amabilidad*. La simple amabilidad puede marcar una verdadera diferencia en nuestra misión evangelizadora. (Recuerda, son los detalles pequeños los que a menudo más importan).

Ser un saco de boxeo no está en la descripción de tu puesto

Cuando se trata de manejar situaciones difíciles, podemos elegir una de las siguientes tres opciones:

- Firmeza o asertividad: expresión adecuada, respetuosa, pero expresa confianza en la postura y los valores propios.
- Agresividad: uso desmedido del poder y la fuerza para enfrentar y vencer a la oposición.
- Abuso: uso de alguna forma de violencia sobre el otro.

Obviamente, la asertividad es la única postura adecuada de estas tres opciones cuando se trata del ministerio pastoral. Debido a que el líder catequético tiene algún grado de poder/autoridad inherente en el puesto, la agresividad nunca es una manera adecuada de relacionarse con los feligreses. Sin embargo, la asertividad es un recurso valioso y una cualidad que comunica confianza en las propias convicciones y en uno mismo. Dignidad, humildad y valor moral son cualidades de una persona asertiva. De hecho, afirmar los valores adecuados por el bien de los demás es generoso y demuestra amor. En muchas ocasiones en los Evangelios, encontramos a Jesús mostrando una santa asertividad frente al maltrato y el abuso. Él es nuestro modelo de la gentileza y fortaleza necesarias para el liderazgo.

Habrá ocasiones en las que alguien actuará con agresividad hacia ti. Y hasta puedes ser el receptor de un lenguaje abusivo. Primero, date cuenta de que la mayoría de las veces ese comportamiento no está dirigido a ti o a tu ministerio. A menudo existen asuntos y tensiones ocultos que provocan que la persona actúe de esa manera. La respuesta ideal (aunque no siempre fácil) es sentir compasión por la otra persona. Si eres capaz de superar ese comportamiento agresivo o lenguaje abusivo inicial, es probable que puedas ayudar a la persona a llegar a una mejor situación y hasta experimentar el corazón de Cristo en su encuentro contigo. Decir una oración en silencio en esos momentos siempre es buena idea.

Sin embargo, no sientas que tu función ministerial requiere que seas objeto de ningún lenguaje abusivo o comportamiento agresivo de manera prolongada. En esos momentos, debes sentirte con la libertad para retirarte. En el caso de un discurso abusivo, por ejemplo, es adecuado expresar sentimientos como: "Con todo gusto converso contigo, pero en este momento solo recibo gritos y desprecio. Podemos continuar después, tal vez tan pronto como mañana, pero debe ser una conversación respetuosa".

Reunir al pueblo de Dios: hablar su idioma

¿Sabes qué significa CDC? La respuesta correcta es: Confraternidad de la Doctrina Cristiana. Este título se usó durante décadas para referirse a la formación en la fe de niños católicos que asistían a escuelas públicas. ¿Sabes en qué década dejaron de usarse oficialmente estas siglas? En los años sesenta. ¿Sabes en qué década dejarán de usarse por completo? Yo tampoco. Este es solo un ejemplo de a lo que uno puede referirse como lenguaje "interno" o "jerga de la iglesia": palabras, frases y siglas usadas regularmente por los católicos en el ministerio, pero que no son conocidas comúnmente. Siempre que te reúnas con el pueblo de Dios y le hables, usa vocabulario que sea conocido para la persona común y evita la jerga de la iglesia. El vocabulario católico puede incorporarse después, cuando las personas estén más inmersas en la forma de vida católica. Las palabras importan mucho, así que presta atención a la terminología que eliges.

Por ejemplo, si se reúne la comisión de formación en la fe parroquial o el consejo asesor de ER, no hay problema con referirse a esto como una reunión. El lenguaje de reunión es adecuado para los encuentros internos sobre *negocios* del liderazgo. Sin embargo, cuando estamos hablando sobre algo relacionado con los padres, los feligreses u otras personas y nuestro propósito tiene una intención explícita o implícita de catequizar-evangelizar, te ruego que adoptes un lenguaje más suave y, francamente, más adecuado, por ejemplo encuentro, mañana (tarde, noche) de reflexión, foro, grupo de aprendizaje o de conversación o pequeña comunidad, etcétera. Después de todo, ¿a quién le gusta ir a una reunión?

Con respecto a los programas de formación en la fe para niños, como nos estamos alejando de un enfoque puramente académico, sería más apropiado hablar de "sesiones" en lugar de "clases" y "participantes" o "jóvenes" en lugar de "estudiantes". La catequesis no debería ser como cualquier otra materia de la escuela. Lo último a lo que los niños querrán ir es a otra clase más. Es por eso que no me entusiasma el título "Escuela parroquial de religión".

Encuentros de formación para adultos

Así como es importante no llamar "clases" a los encuentros de formación en la fe para adultos, es aún más crucial que dichas sesiones no tengan la *sensación* de una clase. Habrá pocos adultos que se entusiasmen con ir a una clase de cualquier tipo después de un largo día de trabajo. Cuando las personas con quien colaboras y tú diseñen las sesiones de capacitación, las noches de reflexión para padres o las series de formación para adultos, consideren las metas y objetivos, el contenido que debe compartirse y el proceso a utilizar. No pasen por alto el entorno y organización del lugar. El diseño debe tomar en consideración las circunstancias y necesidades humanas de quienes están aprendiendo y dónde se encuentran en el crecimiento en la fe. Un buen diseño siempre manifiesta atención y respeto hacia las personas. Esto es aplicable a las sesiones obligatorias y también a las opcionales.

Encuentros de padres

Centremos la atención en los encuentros de padres por un momento (busca más información sobre padres en el Capítulo 9). En la realidad actual es totalmente adecuado verlos como oportunidades de evangelización más que de catequesis. Seguramente, habrá algunos padres que ya estén evangelizados y que se beneficiarían de una experiencia catequética rica y avanzada. Sin embargo es habitual, desafortunadamente, que la mayoría de los padres católicos sean candidatos seguros para una invitación inicial a la fe personal en Jesucristo (evangelización) o para que vuelvan a una fe activa y personal en Cristo (reevangelización).

Aquellos padres que están evangelizados aún pueden beneficiarse de un mensaje kerigmático vivo de fe católica. . . una *catequesis evangelizadora*. Pero ofrecer una catequesis avanzada a padres no evangelizados solo profundizará su sensación de desaliento y desconexión de la Iglesia. Aquí hay algunos elementos que se pueden incorporar en las sesiones de formación de padres:

- un lugar cómodo y una hospitalidad que creen una sensación de seguridad, bienvenida y alegría;
- una experiencia rica de oración que no sea apresurada ni superficial, con la inclusión de las Sagradas Escrituras, silencio y reflexión, símbolos litúrgicos católicos, arte y sacramentales y, si es posible, música;
- contenido de la fe católica que se adapte a las metas de la sesión y llegue al nivel donde se encuentren las personas: conectar la fe con la vida mediante la proclamación en persona, la enseñanza y videos motivadores;
- testimonios de fe compartidos por los padres a través de relatos y paneles de conversación;
- mesas de conversación y/o para compartir de dos en dos que involucren a los padres y fomenten un sentido de conexión y participación;

- invitación a profundizar la relación con Dios, la Iglesia, la parroquia y la familia arraigada en Jesús, que se sienta amorosa y no moralista;
- recursos para enriquecer su fe y
- recursos para enriquecer la fe de la familia.

Es útil tener diferentes voces que contribuyan a la sesión. Llenar las sesiones con energía y humor es altamente efectivo para romper las barreras, acercar a las personas y hacerlas receptivas a la gracia. Para bien o para mal, estas personas no son, en su conjunto, muy de ir a la iglesia. O somos inteligentes para no sonar tan de la Iglesia o corremos el riesgo de que se tornen indiferentes. Relacionarnos con ellos en sus términos es un elemento clave en el proceso de evangelización. Nuestro tiempo con los padres es muy limitado y valioso. ¿Queremos insistir en que salten la brecha que hay entre ellos y la Iglesia, o queremos pasar ese tiempo construyendo un puente?

En cuanto a las reuniones de catequistas y las opciones de formación que se ofrecen a adultos, si bien puede tener valor ver temas evangelizadores, estos encuentros pueden y deben llevar a los feligreses activos a adentrarse más en la rica tradición intelectual y espiritual del catolicismo. Con esperanza, tú y el personal de la parroquia tienen cierta habilidad para liderar dichas sesiones, al menos en parte. Con respecto a tu párroco y otros líderes parroquiales, considera sus destrezas y ofréceles oportunidades para demostrarlas. Además, la buena noticia es que nunca antes ha habido tal despliegue de recursos catequéticos para adultos. Existen muchos recursos excelentes disponibles en distintos formatos. Consulta con la oficina catequética de tu diócesis y con las editoriales.

Recuerda que el estilo de aprendizaje actual requiere que involucremos a las personas. Tienen poca paciencia para la formación pasiva y podemos perderlas relativamente rápido. Busca diferentes maneras de ofrecer variedad en los encuentros. Podría ser tan simple como ofrecer diez minutos de información, luego permitirles que dialoguen sobre un par de preguntas en su mesa y repetir el proceso. También considera agregar algún momento de reflexión en silencio para los asistentes introvertidos.

Reuniones del ministerio

A veces nos juntamos para lo que puede llamarse adecuadamente una reunión. Usando tu comisión de formación en la fe o consejo de educación religiosa como ejemplo, estos son unos puntos útiles a tener en cuenta.

- Elabora una agenda con anticipación a la reunión. Una buena práctica es invitar sugerencias de otros e incluir la duración estimada de cada punto. Esto ayuda a mantener el control de la reunión.
- Ofrece refrigerios y crea un ambiente cómodo.
- Comienza la reunión puntualmente y termina en el horario previsto. Respeta el tiempo de las personas.
- Invita la presencia del Espíritu Santo con una oración. Se podría compartir un poco sobre la fe. (Usar el Evangelio del siguiente domingo para todas las reuniones de la parroquia puede unir a los ministerios en la importancia de la Eucaristía dominical).
- Facilitador de la reunión. Seas tú o un moderador, un facilitador eficaz:
    - tiene destrezas para guir la dinámica grupal;
    - sabe cómo manejar las conversaciones y permite que todos tengan oportunidad de hablar, pero también interfiere si es necesario;
    - mantiene la conversación en su curso y tiempo, y
    - clarifica y resume con eficacia.

- Prepara notas sobre la información esencial y las decisiones tomadas para ser compartidas después de la reunión.

Un grupo de ministerio saludable es una comunidad de aprendizaje. Consideren como grupo la manera en que un elemento de formación puede incorporarse a su trabajo. Esto podría incluir leer y comentar algún documento o libro clave de la Iglesia, un capítulo a la vez. O tal vez el grupo puede participar en alguna actividad de aprendizaje o servicio, con regularidad o semirregularidad.

Resumen: el rostro de Cristo

Jesús lo miró con cariño y le dijo: —[. . .] sígueme. (Mc 10:21)

El ministerio de Jesús se caracterizaba por los encuentros personales que invitaban a las personas a tener una relación con el Padre. Nuestro ministerio nos llama a estar presentes pastoralmente para las personas que encontremos en nuestro camino. Nuestros encuentros, ya sean eventos evangelizadores o de catequesis, o reuniones internas, deben estar diseñados para fomentar la conversión y profundizar el discipulado de Jesús.

Para reflexionar y conversar

- ¿De qué maneras tu función ministerial te permite compartir tu camino de discipulado e invitar a otros a reflexionar sobre el suyo y compartirlo?
- Observa el flujo de un encuentro reciente o futuro. ¿Qué se puede hacer para que sea menos superficial y más potencialmente transformador? ¿Qué puedes hacer para que tus eventos de formación sean más "desde el corazón" y "hacia el corazón"?

Madurar como líder catequético

¿Cómo son tu entonación y tu lenguaje corporal cuando te relacionas con las personas? Se dice que la cámara no miente. Mírate y escúchate en grabaciones de video para obtener una medida más precisa de tu apariencia y qué impresión das. También puedes practicar frente al espejo.

Visita www.loyolapress.com/lce para acceder a la hoja de ejercicios.

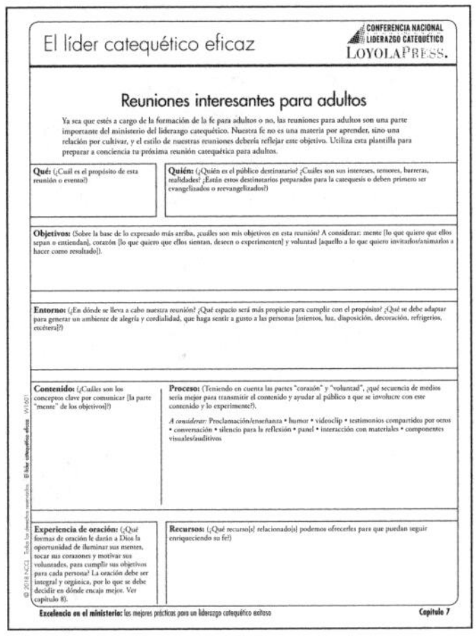
El líder catequético eficaz

CONFERENCIA NACIONAL LIDERAZGO CATEQUÉTICO
LOYOLAPRESS.

Reuniones interesantes para adultos

Ya sea que estés a cargo de la formación de la fe para adultos o no, las reuniones para adultos son una parte importante del ministerio del liderazgo catequético. Nuestra fe no es una materia por aprender, sino una relación por cultivar, y el estilo de nuestras reuniones debería reflejar este objetivo. Utiliza esta plantilla para preparar a conciencia tu próxima reunión catequética para adultos.

Qué: (¿Cuál es el propósito de esta reunión o evento?)

Quién: (¿Quién es el público destinatario? ¿Cuáles son sus intereses, temores, barreras, realidades? ¿Están estos destinatarios preparados para la catequesis o deben primero ser evangelizados o reevangelizados?)

Objetivos: (Sobre la base de lo expresado más arriba, ¿cuáles son mis objetivos en esta reunión? A considerar: mente [lo que quiero que ellos sepan o entiendan], corazón [lo que quiero que ellos sientan, deseen o experimenten] y voluntad [aquello a lo que quiero invitarlos/animarlos a hacer como resultado]).

Entorno: (¿En dónde se lleva a cabo nuestra reunión? ¿Qué espacio será más propicio para cumplir con el propósito? ¿Qué se debe adaptar para generar un ambiente de alegría y cordialidad, que haga sentir a gusto a las personas [asientos, luz, disposición, decoración, refrigerios, etcétera]?)

Contenido: (¿Cuáles son los conceptos clave por comunicar [la parte "mente" de los objetivos]?)

Proceso: (Teniendo en cuenta las partes "corazón" y "voluntad", ¿qué secuencia de medios sería mejor para transmitir el contenido y ayudar al público a que se involucre con este contenido y lo experimente?).

A considerar: Proclamación/enseñanza • humor • videoclip • testimonios compartidos por otros • conversación • silencio para la reflexión • panel • interacción con materiales • componentes visuales/auditivos

Experiencia de oración: (¿Qué formas de oración le darán a Dios la oportunidad de iluminar sus mentes, tocar sus corazones y motivar sus voluntades, para cumplir sus objetivos para cada persona? La oración debe ser integral y orgánica, por lo que se debe decidir en dónde encaja mejor. Ver capítulo 8).

Recursos: (¿Qué recurso[s] relacionado[s] podemos ofrecerles para que puedan seguir enriqueciendo su fe?)

Excelencia en el ministerio: los mejores prácticas para un liderazgo catequético exitoso Capítulo 7

Acción sugerida

Usa la estructura cuádruple de la oración *nombrar, alabar, agradecer* y *pedir* a Dios para fomentar la oración en las reuniones y otros encuentros de manera que exprese coherencia teológica y una profunda espiritualidad.

Recursos adicionales

En español

Lugnani, Joao Bosco y Lugnani, Aparecida Eunides: *Sea el primer catequista de su hijo*. Colombia: Ediciones Paulinas, 2014.

White, Michael y Corcoran, Tom: *La reconstrucción de una parroquia. Motivar al que está cerca, llegar al que está lejos, hacer que la Iglesia cuente*. Notre Dame, IN: Ave Maria Press, 2012.

En inglés

A Church on the Move: 52 Ways to Get Mission and Mercy in Motion [Una Iglesia en movimiento: 52 maneras de poner en movimiento la misión y la misericordia]. Joe Paprocki (Chicago: Loyola Press, 2016).

How to Form Families with Learning Centers [Cómo formar familias con centros de aprendizaje]. Paul Canavese (Alameda, CA: The Pastoral Center, 2016).

Leading Small Groups with a Purpose [Liderar grupos pequeños con un propósito]. Steve Gladen (Grand Rapids, MI: Baker Books, 2012).

8

La catequesis y la liturgia van de la mano

Perspectiva de profundidad

¿Alguna vez te paraste tan cerca de algo que no podías verlo? Cuando te alejas y adquieres cierta perspectiva de cualquier obra de arte grande, por ejemplo, de pronto comienzas a ver lo que el artista quería que vieras. El catolicismo es como una obra maestra gigante de mosaicos. Ocupa la altura y anchura de una gran pared. Es hermoso. . . magnífico de hecho. Pero como un visitante a un museo de arte, hay que dar un paso atrás —bastante hacia atrás— para poder captar su magnificencia y percibir su efecto como un todo.

Mi sensación es que lo que nosotros, como líderes catequéticos, hemos hecho por generaciones es dar a nuestros aprendices cantidades y cantidades (y más cantidades) de azulejos para mosaicos católicos. Les damos información, azulejos que se relacionan con un aspecto u otro de nuestra fe, e invitamos a los aprendices a que estudien el azulejo y lo comprendan. Un azulejo puede ser un pasaje de las Sagradas Escrituras, otro sobre un santo. Otro azulejo es una doctrina y otro una devoción.

Este enfoque puede ser eficaz si estamos preparando a niños, adolescentes y adultos para que participen en una competición de cultura general católica. Sin embargo, es obvio que este no es el objetivo de la formación en la fe. Nuestra meta no es simplemente llenar el cerebro de los niños, adolescentes y adultos con información. Buscamos poner a las personas en contacto con la amplitud de la historia —la historia de salvación— que tiene su punto culminante en la vida, muerte y Resurrección de Jesús y cómo esta verdad revela a un Dios profundamente dedicado a nuestra vida y personalmente comprometido con ella. Nuestra meta, al fin de cuentas, es guiar a las personas a una relación personal y salvadora con Dios para que luego sientan la gracia en su vida como discípulos cristianos y fieles católicos. Cada azulejo del mosaico del catolicismo es hermoso por sí solo y merecedor de diferentes grados de exploración. Pero sugiero que *continuamente* dirijamos a nuestros aprendices nuevamente al cuadro completo de la fe católica mientras presentamos los azulejos particulares de nuestra fe.

El llamado de la Iglesia a la formación litúrgica

La Iglesia nos enseña que la clave para entrar al "cuadro completo" del Misterio Pascual de Jesús es asegurarnos de que nuestra formación en la fe une a la catequesis y a la liturgia en una experiencia continua.

> La catequesis está intrínsecamente unida a toda la acción litúrgica y sacramental (. . .) la vida sacramental se empobrece y se convierte muy pronto en ritualismo vacío, si no se funda en un conocimiento serio del significado de los sacramentos y la catequesis se intelectualiza, si no cobra vida en la práctica sacramental. (*Catechesi Tradendae*, #23)

De hecho, una de las seis tareas de la catequesis, mencionada a menudo a lo largo de toda esta serie, es la "Educación litúrgica". El *Directorio Nacional para la Catequesis* nos recuerda que esta tarea nos llama a "enseñar sobre la forma y el significado de la liturgia y los sacramentos y ayudar a los individuos a preparar su mente y corazón para entrar en estos misterios de nuestra fe" (#20) [v.d.t.].

Ver la oración de manera diferente

Como nuevo DER, noté algo curioso (una palabra más amable que *disfuncional*) acerca de la formación que estaban viviendo los niños de nuestra parroquia. Estábamos haciendo un buen trabajo al enseñarles sobre la oración. Sin embargo, no estábamos haciéndolo tan bien cuando de rezar *con* ellos se trataba. Al llegar con una nueva mirada, podía ver cuán desafortunado era esto y quise solucionarlo.

Comencé a contextualizar el ministerio de formación en la fe con los catequistas, para ayudarlos a verlo dentro del cuadro completo de lo que intentábamos lograr. Eran los años noventa y todavía no teníamos el beneficio del *Directorio General para la Catequesis* (1995). Me encontré sacando información de un recurso viejo pero bueno: el *Catecismo de Baltimore*, que comienza con la pregunta *¿Por qué te hizo Dios?* [v.d.t.] ¿Por qué existimos? ¿Qué estamos haciendo aquí y cuál es la razón de todo esto? Estas son preguntas que nos invitan a retroceder a las preguntas sobre el panorama general de la vida y su significado. La respuesta automática de algunos catequistas de edad un tanto avanzada venía textualmente del *Catecismo de Baltimore:* "Dios me hizo para conocerlo, amarlo y servirlo en este mundo, y a ser feliz con él por siempre en el próximo" [v.d.t.].

Esta es realmente una buena respuesta a la pregunta del panorama general, a la gran búsqueda existencial de significado y propósito en nuestra vida. Hay tres elementos a tener en cuenta para nuestra vida aquí en la Tierra:

1. Conocer a Dios: que es lo que habitualmente asociamos con la evangelización y la catequesis.
2. Amar a Dios: nuestra oración y adoración.
3. Servir a Dios: llevar una vida virtuosa en la que amamos y cuidamos a los demás a partir del amor por Dios.

En un nivel hay una secuencia lineal:

Primero debemos llegar a conocer a Dios antes de tener la oportunidad de amarlo y servirlo. ¿Cómo podemos amar a alguien si no llegamos a conocer a esta persona? Esto tiene total sentido. De esta manera, podemos decir que el ministerio catequético es un ministerio *fundamental*, una pieza esencial para formar discípulos.

Pero en un nivel más profundo, pronto se hace evidente que una secuencia lineal de estos elementos es demasiado simplista. Existe una relación dinámica entre estas tres categorías. Cualquiera de ellas puede ser el punto de entrada a la vida en Cristo. Y la evolución variará según la persona y sus experiencias y circunstancias.

Por ejemplo: nuestra participación en los ministerios de justicia social (cuidado de los hambrientos y necesitados, visita a quienes están solos o en prisión, etcétera) puede ponernos en contacto con el misterio del sufrimiento y la gracia, y nuestra ineficiencia para ser ministros de otros. Dichas experiencias nos llevan a un deseo de oración y hambre de la Eucaristía como fuentes de sustento que necesitamos para poder llevar la gracia y sanación de Dios a los demás. Entonces, nuestra experiencia en la oración y la liturgia, así como en la vida sacramental nos hace sentir el deseo de conocer a Dios más profundamente.

Independientemente de cuál sea el camino para conocer mejor a Dios, amar a Dios y servir en nombre de Dios, debemos verlo como un viaje dinámico y de por vida. Volvemos al principio y continuamos el ciclo para entrar más profundamente en el misterio de Dios y nuestra invitación a vivir en su amor, para la salvación y el bien de todos.

Este enfoque del panorama general de nuestra fe fue un útil elemento inicial de formación de los catequistas bajo mi cuidado y liderazgo. Ayudó a que esos maravillosos catequistas ampliaran su entendimiento de lo que estaban tratando de lograr, en la gracia de Dios, con nuestros estudiantes. En este contexto más amplio, la oración no era algo que simplemente debía hacerse antes de llegar al meollo de la sesión. La oración no se parecía en nada a un juramento de lealtad catequético. En cambio, la oración iba directamente al centro del asunto y era una parte integral de la formación del discipulado cristiano y la vida católica.

Formación litúrgica: catequistas primero, niños después

Después de recordar a mis catequistas el enfoque del panorama general de la formación en la fe, pasamos un año rezando como comunidad de catequistas. Quería que lo "entendieran" antes de pedirles que implementaran la oración con los niños a su cuidado. Reemplazamos la oración apresurada y superficial al comienzo de la clase por experiencias de oración significativas. A continuación hay algunos elementos que usé en las reuniones con catequistas y en otros encuentros:

- el diseño cuidadoso de un entorno litúrgico, con símbolos sagrados (cruz/crucifijo, agua, cirios, etcétera), color(es) según el tiempo, Leccionario, arte;
- la inclusión respetuosa de rituales (la Señal de la Cruz, cómo proceder con el Leccionario, etcétera);
- la proclamación respetuosa y ritual de las Sagradas Escrituras;
- una invitación a la reflexión y a compartir (en grupos pequeños y grandes);
- la incorporación del silencio, el ritmo paciente y la música;
- una invitación a la oración de petición y las oraciones comunitarias, como el Padrenuestro y otras oraciones tradicionales, y
- compartir el Rito de la paz.

¿A qué te recuerdan estos elementos? Si dijiste la liturgia católica (o la misa), ¡acertaste! Como católicos tenemos una manera pública de rezar, estructurada y ritualizada, que es antigua, rica y hermosa. Nuestra tradición litúrgica nos ofrece una colección llena de gracia en la cual basarnos para ofrecer experiencias de oración a cualquier grupo en cualquier lugar, ya sea como parte de la formación de catequistas o no.

Oraciones de la Iglesia

Tenemos para cada día (y cada momento del día) el don de la Liturgia de las Horas como medio estructurado de oración como Iglesia universal. La Liturgia de las Horas puede ser una gran fuente para crear una experiencia de oración que forme a personas tanto en las cualidades antiguas como universales de la Iglesia. Este recurso de oración no es solo para el clero. Está disponible para todo el pueblo católico, y se puede acceder a él fácilmente en línea desde una variedad de fuentes, como Universalis (www.universalis.com); Divine Office (https://divineoffice.org); eBreviary (www.ebreviary.com); USCCB (www.usccb.org); iBreviary (www.ibreviary.org) y otros. Evalúa la posibilidad de incluir al menos una parte de esta en una sesión con los catequistas y jóvenes. Al hacerlo, los expondrás a una forma de oración litúrgica y católica en comunidad.

¡No hace falta que los líderes catequéticos reinventen la rueda! No es necesario ser muy creativos ni buscar temas para la Cuaresma y Pascua que incluyan orugas y mariposas. La Iglesia ya tiene su tema, y se centra en la cruz y la tumba vacía. De igual manera, cada misa ya tiene su tema identificado: el Misterio Pascual de Jesucristo. Todo lo demás cae dentro de este contexto.

Observa los tiempos y fiestas al crear experiencias de oración litúrgica. Usa las lecturas en el Leccionario para ese día o el siguiente domingo. (Se pueden encontrar en www.usccb.org/bible/). También incorpora lo que ocurre en nuestro mundo o en tu comunidad. Ofrece oportunidades para el silencio, la introspección y para compartir, elementos que es poco probable que surjan en misa. Permite más entrada de primera mano al mundo de los símbolos y rituales católicos para que los participantes puedan vivir verdaderamente nuestra fe en la Encarnación y los sacramentos. Integra de manera creativa nuestra rica tradición de oración católica al lugar y momento particulares. Al hacerlo, estarás rezando bien y formando bien. La antigua máxima latina (atribuida a san Próspero de Aquitania) *Lex orandi*, *lex credendi*, nos recuerda que "la ley de la oración es la ley de la fe".

Como resumen de la oración pública de la Iglesia, debemos formar catequistas para que 1) aprecien el lugar integral que poseen la oración y la liturgia en el esfuerzo catequético, y 2) guíen la oración de manera confortable y fructífera dentro de la tradición litúrgica católica al rezar en grupo, ya sea con niños o adultos.

Oración personal

Como sucede con todo lo católico, el nuestro es un esfuerzo del tipo "tanto/como". Formamos personas para que participen en la vida de oración *pública* (litúrgica) de la Iglesia para fortalecerlos tanto a ellos como a la parroquia. También formamos a personas para una vida de oración *personal* para la conversión, virtud y santificación continuas.

Hay mucho que decir sobre la oración privada desde una perspectiva católica. Las oraciones tradicionales como el Padrenuestro, el Avemaría y otras tienen un lugar reconocido en nuestra fe y son esenciales en la vida de todo católico. Saber oraciones de memoria es una bendición para la vida católica. No es poco realista la expectativa de que dichas oraciones sean conocidas y llevadas en el corazón de tus estudiantes. La oración espontánea también tiene un lugar especial en la vida católica. Esto es más esencial al reconocer cada vez más que necesitamos formar personas para una relación personal (no confundir con *privada*) con Dios y vivir como seguidores intencionales de Cristo Jesús. Al guiarlos, ayuda a los niños y a los adultos a sentirse cómodos con la oración que es tan accesible como una conversación con un amigo cercano (que viene a ser también nuestro maravilloso Creador y Dios).

Es parte de la naturaleza humana estar más dispuestos a hablar que a escuchar. Por lo tanto, se debe hacer mayor hincapié en el lado de la *escucha* al hablar de la oración. Inculca el valor del silencio, de presentar los planes del día en la oración y de aprender a ser receptivos a la comunicación más allá de las palabras humanas. En esencia, esto es iniciar a los estudiantes en la tradición de la oración mística de la *contemplación*. La oración contemplativa es uno de los grandes dones del catolicismo y uno que ha sido desaprovechado. En un mundo que nunca antes ha avanzado tan rápido, mientras nuestra capacidad de atención continúa reduciéndose y nuestra ansiedad colectiva sigue en aumento, practicar con niños y adultos una oración que es paciente, quieta y abierta al movimiento de Dios puede ser, en principio, un desafío. Sin embargo, con el tiempo puede convertirse en un don y una bendición increíbles en su vida. Ayuda a tu gente a anhelar la santa soledad y a adoptar el silencio sagrado. He visto esto en la vida de personas de todas las edades, ¡y puede cambiarlas hasta la médula!

Implementar la oración litúrgica

Durante mi primer año como DER parroquial, además de dar a mis catequistas información litúrgica y experiencias de oración, comencé a prepararlos para lo que iba a venir el año siguiente. Los estaba empoderando para que dirigieran experiencias de oración litúrgica cada semana con los niños que tenían a su cuidado.

Las reacciones variaron entre "¡Qué bueno!" y "¡Renuncio!". Finalmente, solo algunos no se sintieron en condiciones para la tarea. Era tan satisfactorio ver cómo los catequistas llegaban a adoptar y disfrutar su función como líderes de oración litúrgica con los niños. (En el momento en que dejé mi función en la parroquia, varios catequistas me aseguraron que nuestra oración litúrgica basada en el Leccionario iba a continuar, lo quisiera o no mi sucesor. De hecho, continuó).

Como la oración litúrgica basada en el Leccionario está fundamentada en las Sagradas Escrituras, mi primera decisión fue comprar suficientes leccionarios para el programa. Elegí leccionarios con valor estético. Eran más costosos, pero como enseñó santo Tomás de Aquino, la gracia se basa en la naturaleza. ¿Qué mejor lugar para invertir que la Palabra de Dios? Quería que los niños de nuestro programa supieran, de maneras que pudieran ver y tocar, que la Palabra de Dios es importante y hermosa y central para la fe católica. La estética importa, y los pasajes fotocopiados de las Sagradas Escrituras no tienen lugar en la formación en la fe. . . nunca.

También brindamos un recurso basado en el Leccionario para ayudar a los catequistas a comprender las lecturas del domingo siguiente.

El recurso que usé los ayudó para explicar las lecturas e invitar a los niños a reflexionar sobre la palabra proclamada desde su perspectiva. Era importante que los niños estuvieran involucrados de manera activa en la reflexión sobre la palabra proclamada, no que solo la escucharan del catequista. Nos concentramos principalmente en el Evangelio (debido a límites de tiempo y accesibilidad a otras lecturas), aunque se hicieron algunas excepciones.

Otro recurso para la oración litúrgica es la *lectio divina*, o "lectura divina". Cada vez más se están usando versiones de la *lectio divina* con estudiantes de todas las edades como una manera de involucrarlos activamente en las Sagradas Escrituras y profundizar en la reflexión y la forma de aplicarlas en la propia vida. Se trata de un hecho maravilloso y todos los católicos deberían exponerse a esta práctica de oración bíblica. No obstante, asegúrate de que haya suficiente tiempo disponible para hacerlo bien. Si la *lectio divina* se hace apresuradamente, no es muy útil.

Los elementos de la experiencia de oración litúrgica que crearon nuestros catequistas se centraban en el Evangelio y en el tiempo litúrgico (y las fiestas especiales). Incluían un entorno litúrgico, rituales (obtenidos de la misa), música (tanto para cantar como para la reflexión) y oración recitada y espontánea. También considera invitar a que los participantes (tal vez uno por sesión) incluyan algo personal y sagrado en su vida en el espacio de oración (una tarjeta de béisbol del abuelo, un rosario de la abuela, etcétera).

La formación en la fe católica siempre debe tener la mirada puesta en cómo forma a su pueblo en la vida de oración de la Iglesia y, en particular, de la misa. Una de las bendiciones en el enfoque en la oración que establecimos fue que la parroquia (en todas las sesiones de todos los grados) estaba formando a los niños intencionalmente para su participación activa en la acción litúrgica de la comunidad. Esos niños que asistían a misa el domingo eran preparados en un entorno adecuado a su edad para tener una experiencia enriquecida en la misa. Podían acercarse a su papá o mamá y decir: "Escuchamos esto en nuestra ER". Y para los niños que no iban a misa regularmente, la oración que vivían en cada sesión era lo más cerca que podían estar de una experiencia litúrgica esa semana. Era ganancia de todos modos.

Sensibilidad litúrgica: sentir hambre. . . seguir siendo católico

Todos hemos visto avanzar este fenómeno en nuestra parroquia, e incluso en nuestra familia: jóvenes criados con esmero en la fe católica, incluso en familias activas, que rápida y fácilmente echan por la borda el catolicismo y se pasan a otra fe o a ninguna. Es uno de los dolores más grandes para quienes conocemos la profunda bendición que representa ser católico.

Me formé como ministro en las sombras de la iglesia comunitaria Willow Creek, la madre de las iglesias no denominacionales modernas en los Estados Unidos. Fui a dichas iglesias para entender qué cosas podrían alejar a las personas de la fe católica. Mientras los servicios de las iglesias evangélicas tienen una manera de involucrar e inspirar, a muchas les falta una forma y estructura litúrgicas, al menos en el sentido católico tradicional.

Estoy convencido de que si podemos dar a los niños una formación realmente buena en el plano litúrgico, habremos ayudado a inmunizarlos, en cierto grado, contra el abandono de la fe católica. O, si prueban otras formas de cristiandad (o incluso la ausencia de la fe), esta "sensibilidad" en ellos posiblemente genere un hambre de más —la "profundidad" de la liturgia católica, la imaginación sacramental católica, como algunos la llaman— en algún momento futuro de su vida. Como adultos, es más probable que encuentren el camino a casa.

La Eucaristía

Sentir la Eucaristía como la experiencia más íntima del amor de Dios y *Presencia Real* de Jesús arraigará a quienes enseñamos en la fe católica. Sentir que la Eucaristía es alimento para el viaje del discipulado los atraerá con frecuencia a la mesa del banquete.

Volviendo a la metáfora del mosaico mencionada previamente, la Eucaristía no es simplemente otro azulejo. Como "fuente y cumbre de toda vida cristiana" (*Constitución dogmática sobre la Iglesia* o *Lumen Gentium*, 11), la Eucaristía puede entenderse como la pieza central que completa el mosaico católico. También puede entenderse como el pegamento que mantiene unida toda la obra y que permite que muchos azulejos revelen la gran narrativa de la Palabra hecha carne. La Eucaristía nunca puede ser relegada a un grado o una lección. El catolicismo tiene sentido solo cuando la Eucaristía tiene sentido. *Debe impregnar toda la visión catequética de tu parroquia.*

Formación litúrgica para la familia

Está muy bien formar a los niños para que tengan una sensibilidad litúrgica católica y que valoren la misa. Pero, ¿qué hay de sus padres? Como líderes catequéticos, es necesario que encontremos maneras de formar a los padres para que crezcan en su entendimiento de la gracia y el poder en la Eucaristía y la liturgia eucarística. En la iglesia existen recursos maravillosos para ayudarnos en este esfuerzo. Pero también podemos llevar esta sensibilidad litúrgica a *casa* para que padres e hijos la vivan juntos.

Uno de esos enfoques es brindar lecturas del Leccionario a los padres (mensual o trimestralmente) y algún recurso que los ayude a reflexionar sobre las Sagradas Escrituras con sus hijos. Con el tiempo, y dando ánimo de manera repetida y constante, puedes crear una cultura en tu parroquia en la que los padres se sientan invitados a rezar las lecturas del Leccionario en casa como familia. Las familias sabrán que esto tiene mucho valor y muchas de ellas adoptarán la oportunidad de convertir este tipo de oración en parte de su iglesia doméstica.

El enfoque del que soy partidario es el de pedir a las familias que se reúnan alrededor de la Palabra de Dios el domingo por la noche (sería lo ideal) luego de haberla escuchado predicada el fin de semana. Anímalos a crear un espacio de oración en el hogar (lo ideal es que sea permanente), un lugar en el que la Biblia esté exaltada y acompañada con un crucifijo y otros símbolos de fe y objetos significativos para la familia. En este lugar sagrado del hogar, la familia puede reflexionar sobre la Palabra de Dios y considerar cómo deberían vivirla esa semana. En esencia, están creando su propio ritual de oración familiar, su propia experiencia litúrgica. Pueden incluir oraciones recitadas y otros elementos litúrgicos que consideren adecuados al tiempo que arraigan a su familia en la gran Iglesia.

Elementos de un enfoque de formación integral

¿Estamos formando niños para que conozcan su fe? ¿Estamos formando niños para que vivan en hogares arraigados a la fe católica? ¿Estamos formando niños para que se sientan cómodos y alegres al participar a la hora de dar culto y en la vida parroquial más amplia?

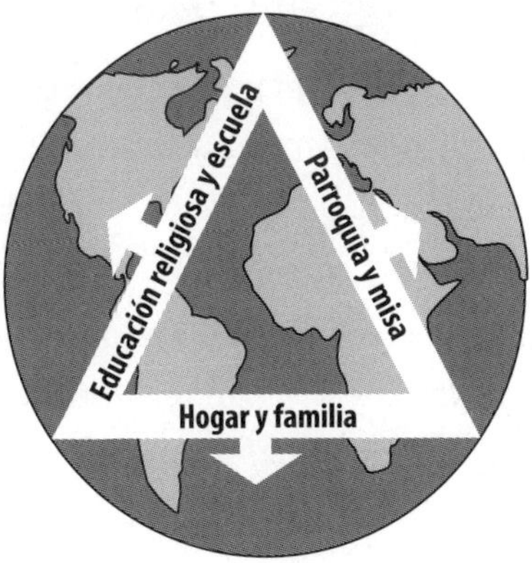

Observa el triángulo en el diagrama de la página 137. Cada lado de este triángulo representa una dimensión esencial de la formación en la fe integrada y holística. Recuerda, nuestra meta no es simplemente que las personas tengan una identidad católica o que vayan a misa. Nuestra meta, la meta de la Iglesia, es mucho más grande: formar a personas para un discipulado apasionado e intencional de Jesucristo y una vida católica firme. . . tanto dentro del triángulo como más allá, en el mundo.

Resumen: el pan que nos une

Tomando pan, dio gracias, lo partió y se lo dio diciendo: "Esto es mi cuerpo, que se entrega por ustedes. Hagan esto en memoria mía". (Lc 22:19)

Dedica tiempo a este relato tan conocido que nuevamente muestra la generosidad *radical* de Jesús. La Eucaristía es el epicentro de la gracia, entrelazada orgánicamente con la cruz salvadora. La catequesis y la liturgia van de la mano. No podemos formar a las personas ni mucho ni demasiado bien en la Eucaristía, o en la liturgia en que se ofrece. Las personas que conozcan y amen a Dios anhelarán momentos personales de intimidad divina. Es mucho más probable que las familias que comprendan y vivan las bendiciones que la Iglesia nos da mediante la liturgia pública permanezcan católicas de una manera profunda y duradera.

Para reflexionar y conversar

- ¿Te sientes atraído por el gran mosaico que es el catolicismo? ¿O tiendes a centrar tu atención en los azulejos individuales? ¿Cómo podrías mantener el enfoque en el contexto más amplio respecto a tu estilo de liderazgo y enseñanza?
- ¿Cómo describirías la oración en tus ministerios? ¿En las sesiones de ER, en los encuentros con adultos, antes de las reuniones? ¿La sientes apresurada y monótona? ¿Causa un efecto en las personas? ¿Tiene el potencial de transformarlas?

Madurar como líder catequético

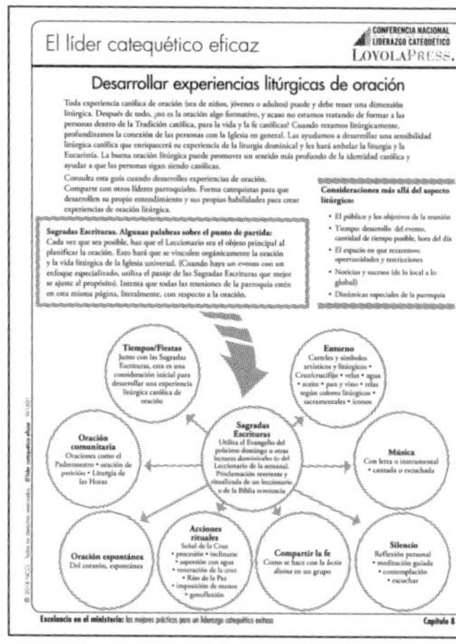
El líder catequético eficaz
LoyolaPress.
Desarrollar experiencias litúrgicas de oración

¿Cuáles son tus conocimientos formativos de los elementos simbólicos del cristianismo (cruz, agua, óleo, fuego, etcétera) y de los gestos rituales (por ejemplo, la Señal de la Cruz), y cómo pueden enriquecerse? Analiza la manera de formar mejor a los catequistas en los símbolos y rituales centrales de nuestra fe, lo cual ayudará a los catequistas a alejarse de los elementos periféricos o no cristianos.

Visita www.loyolapress.com/lce para acceder a la hoja de ejercicios.

Acción sugerida

Evita depender demasiado de los papeles en las experiencias de oración. Busca maneras de hacer que la oración sea más reflexiva y menos un ejercicio de lectura. Elige una reunión o un encuentro que se aproxime a fin de probar una experiencia de oración católico-cristiana más rica, paciente y orgánica.

Recursos adicionales

En español

Cifelli, Arnaldo: *Cómo preparar la celebración dominical*. Argentina, San Pablo, 2011.

Ginel, Álvaro: *Iniciar en la Liturgia*. Madrid, España: Editorial CCS, Serie Sal y Luz, 2012.

www.rezandovoy.org.

Grassi, Dominic y Paprocki, Joe: *Vivir la misa*. Chicago, IL: Loyola Press, 2011.

Ramis Darder, Francesc: *A la escucha de la Palabra. Panorámica bíblica para la Lectio Divina.* Estella: Verbo Divino, 2017.

www.es.catholic.net/talleroración

En inglés

From Mass to Mission: Understanding the Mass and Its Significance for Our Christian Children [De la misa a la misión: entender la misa y su importancia para nuestros niños cristianos]. Joyce Donahue (Chicago: Liturgy Training Publications, 2016).

Great Is the Mystery: Encountering the Formational Power of Liturgy [Grande es el misterio: encuentro con el poder formativo de la liturgia]. Joe Paprocki y D. Todd Williamson (Chicago: Liturgy Training Publications, 2012).

How to Talk to Children about the Mass [Cómo hablar con los niños sobre la misa]. Tom Quinlan (New London, CT: Twenty-Third Publications, 2017).

Liturgy and the New Evangelization: Practicing the Art of Self-Giving Love [Liturgia y la nueva evangelización: practicar el arte del amor desinteresado]. Timothy P. O'Malley (Collegeville, MN: Loyola Press, 2014).

A Liturgical Companion to the Documents of the Second Vatican Council [Un compañero litúrgico de los documentos del Concilio Vaticano Segundo]. Joyce Donahue et al. (Chicago: Liturgy Training Publications, 2016).

Preparing Masses with Children: 15 Easy Steps [Preparar la misa con niños: 15 pasos fáciles]. Robert W. Piercy, Jr. (Chicago: Liturgy Training Publications, 2012).

With Burning Hearts: A Meditation on the Eucharistic Life [Con corazones que arden: una meditación sobre la vida eucarística]. Padre Henri Nouwen (Maryknoll, NY: Orbis, 2016).

9

Padres de familia y evangelización

La importancia de evangelizar hogares

Si no es molestia, por favor lee la siguiente oración dos veces. *El ministerio de formación en la fe no necesita centrarse tanto en catequizar niños sino en evangelizar hogares.* Esta oración es la mejor presentación de tesis que puedo ofrecer sobre el estado de la formación en la fe de nuestra época en relación con los niños y las familias. ¿Hubo en algún momento padres católicos que conocían su fe, amaban su fe, vivían su fe y se la transmitían de manera excelente a sus hijos? No estoy seguro. Hay cierta nostalgia que pinta una imagen de un tiempo pasado (alrededor de los años cincuenta) como algún tipo de utopía católica. Al mismo tiempo, sin embargo, los datos continúan diciéndonos con certeza que vamos en la dirección equivocada.

Los padres de familia católicos, como un todo, están menos involucrados en la práctica de la fe católica que en las generaciones anteriores, y la tendencia parece continuar. Este hecho debería convertir el trabajo con los padres, si eres un líder catequético de formación en la fe para niños, en la máxima prioridad. Ya pasaron los días (si es que realmente existieron) en que un programa de educación religiosa parroquial o una escuela católica podía hacer su trabajo y entregar a los niños a sus padres con la seguridad de que la familia se reunía para rezar, hablaba sobre la fe, vivía con Cristo como centro de su vida y, por supuesto, iba a misa regularmente.

Algunas de tus familias están, sin duda, evangelizadas y son activas en su vida de fe católica. No las olvides, ya que necesitan y merecen vivir una catequesis sustancial y próspera que enriquezca su fe. Incluso las llamas más fuertes de los evangelizados necesitan ser avivadas en tu parroquia. Y más aún, podemos y debemos incorporar a dichos padres y otros adultos para que den testimonio y enseñen a los demás. Pueden ser como levadura para la comunidad.

Un cambio de mentalidad

Demasiadas familias no participan de manera activa en su fe católica. Cualquier líder catequético o párroco con experiencia planteará la siguiente pregunta: *¿Cuántas de las familias que acaban de celebrar la Primera Eucaristía o Confirmación están presentes el siguiente fin de semana en misa?* Intenta hacer la cuenta y lo más probable es que sea una decepción.

Entonces, ¿qué debemos hacer con esta realidad? En nuestro mundo posmoderno cada vez más secular se ha vuelto evidente que el liderazgo catequético, y la parroquia entera, necesita un cambio de pensamiento. Necesitamos cambiar nuestra mentalidad:

- *desde* la educación religiosa parroquial (y la escuela católica) que existe principalmente para enseñar información e impartir los sacramentos y
- *hacia*, en primer lugar, la evangelización de las familias (que incluirá una formación kerigmática, o central, ofrecida en el contexto del testimonio personal).

Por favor, ten en cuenta que este cambio de paradigma no consiste solamente en hacer que los padres valoren la fe de sus hijos más profundamente. Es lograr que los padres vivan la fe católica más profundamente ¡*ellos mismos*!

Caso práctico: preparación para la Primera Reconciliación

Las parroquias son diligentes al preparar a los niños para la Primera Reconciliación, y cada vez las parroquias involucran más a los padres en la formación de sus hijos. (En general, tanto en los libros de texto del grado como en los libros de preparación para los sacramentos, hay secciones cada vez más útiles dedicadas a los padres para que puedan aprender y compartir con sus hijos). La meta respecto a la preparación para la Primera Reconciliación sería asegurarse de que el niño comprende el sacramento, puede hacer una confesión fluida, tiene una experiencia positiva y desarrolla la práctica de la confesión con regularidad. Por supuesto, todos estos son resultados valiosos e importantes. Sin embargo, me atrevo a decir con humildad que aquí hay una meta fundamental mucho más grande que la mencionada antes: ayudar a los niños y a sus padres a encontrar al Cristo vivo en su vida como el Dios que los ama, sana y salva.

Y de los dos (niños y padres), me interesa *mucho* más llevar a los padres a un despertar personal al amor y la misericordia divinos que Cristo tiene disponible para ellos. Piénsalo. Si devolvemos a los niños a hogares en los que sus padres han llegado a conocer a Jesús y a vivir esta relación como una Buena Nueva salvadora en su vida, ¿no tendremos la esperanza real de que lo mismo ocurrirá con ellos?

El enfoque exclusivo en el niño o el enfoque de evangelizar primero al niño, al que estamos acostumbrados, tiene sentido *dentro* de un contexto de una fe activa y vibrante que se vive en la familia y en la parroquia. Sin embargo, estamos lejos de esa realidad. Por desalentador que pueda parecer, los líderes catequéticos de programas para niños tienen que ocuparse de los padres *y* de los niños, no solo para catequizar sino primero para evangelizar. Tenemos por delante una tarea de dos generaciones.

Catequesis y evangelización

Quiero ofrecer una rápida analogía sobre la diferencia entre catequesis y evangelización. La *evangelización* es como enamorarse. Hay una presentación, un período de tiempo para conocerse, una profundización de la relación hasta el punto de hacer un compromiso de por vida. Por supuesto, somos llamados a enamorarnos de Dios, encarnado y revelado en Jesús. Quien ha estado casado sabe que el trabajo duro de mantener y profundizar una relación de esposos no termina el día de la boda: ¡allí comienza! La *catequesis* es como el trabajo que realiza una pareja casada para enriquecer aún más el misterio vivo de su relación. Es el hermoso trabajo de una vida, y trata más sobre el viaje que sobre el destino. Así es, o puede ser, con Dios.

Estudiemos un poco cómo podría ser la catequesis evangelizadora para padres de familia en la preparación para la Primera Reconciliación. Queremos que los padres comprendan bien lo siguiente:

- Dios los ama, él es un Dios personal que se interesa por ellos.
- Dios es más poderoso que el mal y el pecado, incluso *su propio* pecado.
- Ellos están (como todos lo estamos) heridos y quebrantados, son pecadores, y necesitan la misericordia de Dios.
- El amor misericordioso de Dios está siempre disponible, sin importar el pecado.
- La libertad, alegría y autenticidad pueden marcar nuestra vida en Cristo.
- El sacramento de la Reconciliación es un poderoso canal de gracia para sanar sus heridas.
- El sacramento de la Reconciliación es un don de por vida. . . para ellos y para sus hijos.

Observa que el objetivo es mucho más profundo que asegurarse de ayudar a su hijo a prepararse para la confesión o recibir el sacramento de la Reconciliación esa primera vez con su hijo. Va incluso más allá de invitarlos a hacer del sacramento una parte de su práctica de fe familiar. Todo eso está allí, implícita o explícitamente. Pero la meta subyacente es fomentar la conversión a Jesucristo en los padres de manera amplia y personal, y luego en su relación con su misericordia amorosa en el sacramento de la Reconciliación.

Sacramentos en decadencia

Sería rico (o al menos bastante pudiente) si ganara un dólar por cada vez que he escuchado la siguiente expresión de los líderes catequéticos parroquiales: "Todo lo que estos padres quieren es el sacramento [es decir, la Primera Comunión]". Lo llamo el "síndrome del atropello y fuga" y es el flagelo del ministerio de muchos líderes catequéticos. Es verdaderamente frustrante planificar tanto, enseñar tanto, preocuparse tanto y, a pesar de esto, ver que las familias reciben el sacramento y no se vuelve a saber nada de ellas. A los sociólogos católicos les ha fascinado durante años la atracción (o *adherencia*, como algunos gustan llamarla) a los sacramentos. ¿Qué lleva a las personas a presentar a su hijo para los sacramentos cuando hay poca o ninguna fe detrás de esa motivación? Tal vez es una obligación moral o presión familiar. Dichas motivaciones "ligeras", sin embargo, tienen cada vez menos influencia con el paso de las generaciones.

La tasa de recepción de los sacramentos ha estado en franca decadencia en las últimas dos generaciones. Según el *Center for Applied Research in the Apostolate* [Centro de Investigación Aplicada al Apostolado (CARA por sus siglas en inglés)], entre 2000 y 2012, las bodas por la Iglesia disminuyeron aproximadamente un 40 por ciento, el Bautismo de adultos disminuyó cerca del 50 por ciento, los bautismos de niños disminuyeron un 30 por ciento y las primeras comuniones disminuyeron un 15 por ciento. La "adherencia" se está perdiendo. En conclusión, es necesario observar muy bien y analizar cómo las parroquias católicas y los programas y escuelas de formación en la fe son cómplices en esta erosión en la práctica de la fe, no para culpar sino para lidiar con la parte de la ecuación en la que podemos hacer algo.

Caso práctico: el Bautismo como salto a los sacramentos. . . ¡Nunca más!

En mis días de líder catequético parroquial, me di cuenta que con frecuencia muchos padres que buscaban el Bautismo para sus hijos apenas se relacionaban con la fe católica o, incluso, estaban desconectados. Se volvió evidente que el ministerio de preparación para el Bautismo era más una oportunidad evangelizadora que un ministerio catequizador. Con el tiempo, esto se vuelve cada vez más cierto. Debemos cambiar la mentalidad para ver el ministerio del Bautismo principalmente como evangelización, y luego desarrollar y llevar a cabo un plan congruente con esa visión.

Algunas parroquias han superado el obstáculo en este sentido. Al menos, se están haciendo las preguntas adecuadas sobre cómo crear un ministerio bautismal evangelizador. Nosotros tenemos un camino extremadamente largo que recorrer. Demasiadas parroquias todavía actúan sobre la presunción errónea de que los padres que llegan para hacer bautizar a sus hijos están evangelizados y son católicos activos.

El catolicismo tiene una teología profunda del Bautismo. En nuestra fe, el Bautismo es sumamente importante: es la llave que abre todo lo demás. El Bautismo tiene un hermoso significado y simbolismo de muchas capas. Pese a toda nuestra gran teología, parece que nuestro enfoque pastoral, formativo y litúrgico del Bautismo es demasiado pobre y aburrido. Sin duda, la preparación bautismal ha sido la oportunidad de evangelización más desperdiciada.

Me gusta decir que el "cemento está fresco" en el Bautismo y que al momento de la Confirmación (e incluso la Primera Eucaristía) el cemento de la identidad y práctica de la fe familiar se ha endurecido en gran parte o en su totalidad. Por supuesto, esto significa que tenemos muchas más posibilidades de afectar la identidad y práctica de la fe familiar en el Bautismo que si dejamos que se acostumbren a un estilo de vida no evangelizado como familia por muchos años. . . y luego intentamos poner a Jesús en su corazón en la Confirmación, cuando el "cemento" se ha secado desde hace tiempo.

Mi exhortación férrea para las parroquias de hoy es que *anticipen* sus esfuerzos cuando tengan influencia en los sistemas familiares. ¡Se puede sacar mucho más partido en el ministerio de evangelización familiar *concentrando los esfuerzos al inicio* que en cualquier otra cosa que se realice después! Desde mi experiencia, el ministerio bautismal obtiene un mínimo de los presupuestos parroquiales y nada significativo de personal y apenas tiene incidencia en el panorama de los ministerios parroquiales. Esta es una mirada absolutamente miope en una era en la que la evangelización se necesita con tanta desesperación y se pide cada vez más. Ya sea que estés a cargo de supervisar el ministerio bautismal en tu parroquia o no, sé un defensor de este cambio de mentalidad entre los líderes parroquiales: el ministerio más importante para la renovación de la vida de una parroquia es el ministerio bautismal con oportunidades de seguimiento que invitan a los padres a aprender cómo criar a sus hijos de manera católica/cristiana entre el Bautismo y la Primera Eucaristía.

Cuanto más puedas concentrar tus esfuerzos evangelizadores en las familias cuando recién están estableciendo sus modelos y prácticas, mayor será el impacto. Aquí hay algunas sugerencias prácticas para crear un ministerio bautismal evangelizador.

1. *Diseña cada aspecto de este ministerio sobre este principio fundamental y con toda intencionalidad.* El Bautismo abre una amplia ventana de oportunidades para evangelizar. Mira la ventana del ministerio bautismal como una que está abierta

desde la consulta inicial de los padres ¡hasta el sexto cumpleaños del niño! (¡Sí, leíste bien!).

2. *Centra tu atención en crear un equipo y en su formación.* Existen muchos dones en las personas de tu parroquia y muchas y diferentes funciones en cualquier equipo del ministerio bautismal. Busca a los miembros de tu equipo de acuerdo a sus dones, fórmalos bien y ponlos a evangelizar. (Ejemplos: Una madre soltera en el equipo debería ayudar en el ministerio para estar atentos a las necesidades de las madres solteras nuevas. Querrás tener personas dotadas para ser facilitadores de pequeños grupos. Identifica a los feligreses dotados que puedan compartir su propio testimonio de fe de maneras en las que puedan identificarse estos padres. Identifica a personas que puedan ser responsables de la hospitalidad y las comodidades, incluyendo los refrigerios).
3. *Crea diferentes grupos según el nivel.* Debería haber un grupo para los padres principiantes y al menos otro diferente para los demás. Por ejemplo, un grupo puede centrarse más en los elementos fundamentales de nuestra fe y el Rito del Bautismo, y otro en cómo criar a los hijos de manera católica al igual que todo aquello que la parroquia ofrece a la familia. Sin embargo, todo grupo debería concentrarse en la Eucaristía y debería procurar fomentar las relaciones personales dentro de la comunidad.

   Además, los grupos deberían participar en más de una sesión. (No le temas a esto. No nos quedemos cortos con la fe en pro de ser expeditivos. El camino de la evangelización no se parece a "la ley del menor esfuerzo").
4. *Nunca las llames clases ni reuniones.* Crea más una experiencia del tipo *día de formación/retiro* y dale esa estructura. Intercala momentos de gran interacción con tiempos de reflexión en silencio. Comienza cualquier fragmento formativo desde la experiencia vivida por las familias y ofrece un mensaje central y

kerigmático de la fe católica dirigido a su vida como una Buena Nueva importante. No escatimes en hospitalidad y humor. Nuestro gozo en Cristo debe irradiarse naturalmente. (¿Quién de tu parroquia puede dar testimonio con una alegría que irradia y atrae?). Debe haber un gran sentido de la celebración en el proceso de preparación, tanto por el don de vida en el niño como el don de la vida eterna disponible en el sacramento.

5. *Ofrece a las familias una experiencia absolutamente maravillosa del Bautismo.* ¡Permite que el sacramento y la comunidad evangelicen! Esto puede hacerse de manera más eficaz en el contexto de la misa dominical. Un derroche de hospitalidad y alegría debe marcar la actitud de la parroquia.
6. *Desarrolla un ministerio de seguimiento de las familias entre el Bautismo y los años de escuela.* Existen incontables maneras de lograr esto, como tener una comunicación regular y participativa, crear una relación familiar de orientación y crear un ministerio para madres. (¡El *ministerio para madres* es un suelo rico para atraer a las familias jóvenes a la parroquia!). Estos son los años clave que ayudarán a determinar qué tipo de relación tendrá finalmente la familia con tu parroquia y con la Iglesia.

Padres en formación *con* los niños

El enfoque de este capítulo ha estado en los padres de familia y en la necesidad de crear un ambiente en la parroquia que apoye y fomente *su* conversión de la fe a Cristo Jesús. Con esto como la meta principal, veamos algunas maneras prácticas para relacionarte con los padres y hacer equipo con ellos para el desarrollo en la fe de sus hijos.

1. Empodera a los padres para que a) guíen la oración familiar y desarrollen prácticas de fe en familia, b) hablen sobre Dios (Jesús) y compartan la fe, y c) den servicio como familia. Anima y refuerza estas tres dimensiones vitales para el desarrollo en la fe

de los niños, y afirma a los padres en su capacidad de guiar y formar a sus hijos mediante estas acciones. (Ejemplo: como lo suelen hacer las familias hispanas, los padres pueden y deben bendecir a sus hijos con palabras y gestos. Esta puede ser una poderosa experiencia de amor y seguridad transmitida de padre a hijo, de parte de Dios. Forma familias que adopten prácticas católicas como esta en casa).

2. Anima a los padres a que participen de manera activa en el aprendizaje de sus hijos mediante la formación en la fe parroquial. Crea una cultura de expectativa para que las familias lean y dialoguen sobre la(s) página(s) de aprendizaje familiar cada semana. Intenta que esta expectativa no se convierta en una mera tarea monótona sino que sea un tiempo de calidad en familia con el agregado del aprendizaje. (Los padres aprenderán con sus hijos).
3. Ofrece recursos (para evangelizar y catequizar) a los padres en el mundo digital, en el lugar donde viven muchos de ellos, en su computadora y teléfono inteligente. Por correo electrónico, Facebook, Twitter y otros recursos tecnológicos, envíales fragmentos cortos con contenido católico de calidad que los guíe en su oración, su entendimiento y articulación de la fe, y en su función como primeros catequistas. Sé generoso en el uso de videoclips.
4. Brinda recursos a los padres más allá de los temas sobre la fe. Nuestra meta es siempre demostrar cómo se entrelazan la vida y la fe. Averigua cuáles son los mayores desafíos y necesidades de los padres y familias hoy día. Luego ofrece recursos de consulta con la mirada intencional en la fe (que posiblemente tengas que agregar tú). Esto ayuda a romper la barrera artificial entre la "vida" y la "fe", una barrera que facilita considerar el catolicismo como algo irrelevante. Además brindará a los padres una enseñanza realmente valiosa por parte de su parroquia sobre

temas que bendecirán su vida, por ejemplo, sobre finanzas, adicciones, crianza de los hijos, salud y relaciones.

5. Intercala en la lista de opciones de formación familiar, sobre todo en los primeros grados, algunas sesiones de capacitación para padres. Esto puede dar a los padres una guía práctica para ser los principales catequistas de sus hijos. Estas son sesiones muy prácticas en las que el líder catequético guía a los padres a través de actividades y conversaciones de una manera específica y transparente, para permitir que ellos se sientan más cómodos con su función. (www.pastoral.center tiene una amplia variedad de recursos sobre la capacitación de padres y muchos otros aspectos del ministerio de formación familiar).
6. Crea bolsos familiares con materiales diseñados para la oración, el diálogo y los juegos en familia. Algunos de los materiales para uso de las familias a incluir son:
    - tela de colores litúrgicos
    - crucifijo, cruz, imagen de Jesús
    - agua bendita
    - juego de fe familiar
    - tarjetas para promover la conversación
    - diario de fe para la semana
    - recursos para la familia (DVD, CD, manual)
    - recursos para los padres (libro sobre espiritualidad católica, la misa, enseñanzas básicas, etcétera)
7. Invita (y por supuesto también requiere) a las familias a participar en algunos aspectos de la vida de la parroquia. Incorpora a tu programa una expectativa alegre de participación en la parroquia. Crea un menú de actividades parroquiales y pide a las familias al comenzar el año que elijan las que harán en familia. Esto ayudará a que las incluyan en su agenda con

anticipación. Ejemplos: liturgias y devociones según el tiempo (Vía Crucis), celebraciones (Las Posadas, de origen hispano; Simbang Gabi, de origen filipino; un picnic parroquial), eventos de formación (la misión de la parroquia) u oportunidades de servicio (colecta de alimentos o visitas a residencias de ancianos).

8. Ofrece experiencias de formación en la fe para adultos durante las sesiones de educación religiosa. Invita (¡y sigue invitando!) a los padres a que se unan en una o más formas de aprender y compartir la fe. Algunos preferirán ver una serie de videos con comentarios posteriores. Otros elegirán un grupo de fe basado en el Leccionario. Ofrece un lugar y pide a un catequista adulto que facilite un grupo y luego ve qué sucede. Puede tardar en arrancar, pero está bien. Sigue adelante. Los que participen se beneficiarán y posiblemente les contarán a sus amigos. No temas ofrecer esto a todos los feligreses (a menos que esto ahuyente a los padres).

Desde luego esta no es una lista exhaustiva, aunque te sientas exhausto con solo estas posibilidades. Sin embargo, mi esperanza es que te ofrezca una visión del panorama sobre el cual puedes crear *tu propio* conjunto de modos y medios para a) fomentar la conversión en los padres y b) ayudarlos en su función de conducir a sus hijos a una fe católica viva y activa. Solo recuerda que en estos tiempos, lo último no funciona sin lo primero y contribuye a la vertiginosa decadencia que se vive en nuestra Iglesia. No sigamos pidiendo a los padres que den lo que (en demasiados casos) no tienen.

Aumentar las expectativas

A veces me pregunto cómo una Iglesia nacida en Pentecostés puede ser tan tímida. ¿Por qué dejamos las mejores oportunidades, que son los padres católicos (en programas de ER *y* escuelas católicas), tan intactos y fallamos en nuestro intento por involucrarlos en la búsqueda de su conversión? Solo puedo encontrar tres razones:

1. falta de imaginación
2. falta de celo misionero
3. miedo

Sabiendo que el Espíritu Santo está con nosotros, ¡no hay razón para tener miedo! Ofrezco una estrategia de dos pasos para que las parroquias tengan en cuenta:

1. Aumenta las expectativas puestas en los padres y las familias.
2. Lo que sea que les pidas, asegúrate de que sea una experiencia valiosa para ellos.

No tengas miedo a la resistencia inevitable que acompañará dicho plan. Cristo Jesús nos llama a ser valientes y nos da el Espíritu Santo para fortalecernos. El único peligro real es mantener el *statu quo.*

Resumen: ¿Quién trae a los niños?

Cuando acabó de hablar, dijo a Simón: "Navega lago adentro y echa las redes para pescar". (Lc 5:4)

La mayoría de los padres de hoy son candidatos para algún tipo de evangelización, que se ve y se siente diferente de la catequesis permanente de los discípulos intencionales de Jesús. Brindémosles una formación que invite a su conversión adulta y los equipe con los recursos espirituales/teológicos para que tomen la batuta en la formación de sus hijos. La Iglesia ¡y tu parroquia! tienen la oportunidad de obtener una buena pesca, solo asegúrate de hacer suficiente hincapié en el ministerio bautismal y en los primeros años del ciclo familiar.

Para reflexionar y conversar

- ¿Estás a cargo de la formación en la fe para adultos en la parroquia? Aunque no lo estés, estás ayudando a formar a muchos adultos: ¡a los padres! ¿Cómo colaboras con otros líderes de formación para adultos en la parroquia para fortalecer este esfuerzo?

- ¿Los padres de hoy creen al pertenecer o pertenecen al creer? ¿El ministerio para padres está formado para apoyar tanto el camino hacia la vida en Cristo como hacia su Cuerpo, la Iglesia?

Madurar como líder catequético

Tu ministerio cada vez hace más hincapié en la *evangelización.* ¿Qué destrezas y conocimientos puedes adquirir para convertirte en un líder evangelizador que complemente tu función como líder catequético? Si quieres evangelizar a los padres, asegúrate de entender quiénes son: cuáles son sus esperanzas y temores, y cuáles son sus intereses y perspectivas.

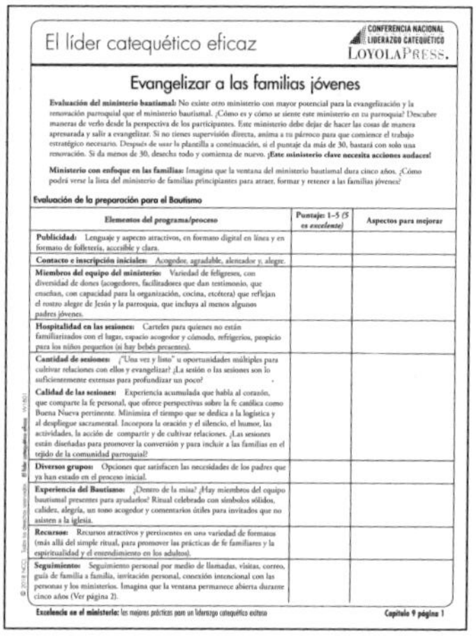

El líder catequético eficaz

CONFERENCIA NACIONAL LIDERAZGO CATEQUÉTICO LOYOLAPRESS.

Evangelizar a las familias jóvenes

Evaluación del ministerio bautismal: No existe otro ministerio con mayor potencial para la evangelización y la renovación parroquial que el ministerio bautismal. ¿Cómo es y cómo se siente este ministerio en tu parroquia? Descubre maneras de verlo desde la perspectiva de los participantes. Este ministerio debe dejar de hacer las cosas de manera apresurada y salir a evangelizar. Si no tienes supervisión directa, anima a tu párroco para que comience el trabajo estratégico necesario. Después de usar la plantilla a continuación, si el puntaje da más de 30, bastará con solo una renovación. Si da menos de 30, desecha todo y comienza de nuevo. **¡Este ministerio clave necesita acciones audaces!**

Ministerio con enfoque en las familias: Imagina que la ventana del ministerio bautismal dura cinco años. ¿Cómo podrá verse la lista del ministerio de familias principiantes para atraer, formar y retener a las familias jóvenes?

Evaluación de la preparación para el Bautismo

Elementos del programa/proceso	Puntaje: 1–5 (5 *es excelente*)	Aspectos para mejorar
Publicidad: Lenguaje y aspecto atractivos, en formato digital en línea y en formato de folletería, accesible y clara.		
Contacto e inscripción iniciales: Acogedor, agradable, alentador y alegre.		
Miembros del equipo del ministerio: Variedad de feligreses, con diversidad de dones (acogedores, facilitadores que dan testimonio, que enseñan, con capacidad para la organización, cocina, etcétera) que reflejan el rostro alegre de Jesús y la parroquia, que incluya al menos algunos padres jóvenes.		
Hospitalidad en las sesiones: Carteles para quienes no están familiarizados con el lugar, espacio acogedor y cómodo, refrigerios, propicio para los niños pequeños (si hay bebés presentes).		
Cantidad de sesiones: ¿"Una vez y listo" u oportunidades múltiples para cultivar relaciones con ellos y evangelizar? ¿La sesión o las sesiones son lo suficientemente extensas para profundizar un poco? **Calidad de las sesiones:** Experiencia acumulada que habla al corazón, que comparte la fe personal, que ofrece perspectivas sobre la fe católica como Buena Nueva pertinente. Minimiza el tiempo que se dedica a la logística y al despliegue sacramental. Incorpora la oración y el silencio, el humor, las actividades, la acción de compartir y de cultivar relaciones. ¿Las sesiones están diseñadas para promover la conversión y para incluir a las familias en el tejido de la comunidad parroquial?		
Diversos grupos: Opciones que satisfacen las necesidades de los padres que ya han estado en el proceso inicial.		
Experiencia del Bautismo: ¿Dentro de la misa? ¿Hay miembros del equipo bautismal presentes para ayudarlos? Ritual celebrado con símbolos sólidos, calidez, alegría, un tono acogedor y comentarios útiles para invitados que no asisten a la iglesia.		
Recursos: Recursos atractivos y pertinentes en una variedad de formatos (más allá del simple ritual, para promover las prácticas de fe familiares y la espiritualidad y el entendimiento en los adultos).		
Seguimiento: Seguimiento personal por medio de llamadas, visitas, correo, guía de familia a familia, invitación personal, conexión intencional con las personas y los ministerios. Imagina que la ventana permanece abierta durante cinco años (Ver página 2).		

Excelencia en el ministerio: las mejores prácticas para un liderazgo catequético exitoso — Capítulo 9 página 1

Visita www.loyolapress.com/lce para acceder a la hoja de ejercicios.

Acción sugerida

Considera qué porción de las reuniones de padres en tu parroquia están dirigidas a la mente de los padres. Planifica la siguiente sesión con al menos la mitad de la experiencia dirigida a su corazón. Busca e invita a algunos padres y/u otras personas para que den un testimonio inspirador (pero creíble) de su propia experiencia de fe.

Recursos adicionales

En español

Fontana, Andrea: *La pastoral bautismal: una oportunidad para acoger y evangelizar a las familias*. Madrid, España: Editorial CCS, Serie Sal y Luz, 2014.

Lugnami, Joao Bosco: *Sea el primer catequista de su hijo*. Colombia, Ediciones Paulinas.

McGrath, Tom: *Educando hijos en la plenitud de la fe*. Chicago, IL: Loyola Press, 2000.

San Juan Pablo II: *Familiaris Consortio. La misión de la familia cristiana en el mundo actual*. Boston, MA: Pauline Books and Media, 2015.

Sepúlveda, Martín Alberto: *Catequesis sobre la Eucaristía*. San Pablo, España, 2014.

Weddell, Sherry: *Formación de discípulos intencionales. El camino para conocer y seguir a Jesús*. Huntington, IN: Our Sunday Visitor, 2012.

En inglés

Becoming a Parish of Intentional Disciples [Ser una parroquia de discípulos intencionales]. Sherry A. Weddell, ed. (Huntington, IN: Our Sunday Visitor, 2015).

Faithful Families: Creating Sacred Moments at Home [Familias fieles: crear momentos sagrados en el hogar]. Traci Smith (St. Louis, MO: Chalice Press, 2017).

Forming Families in Faith: Cultivating Catechesis in the Home [Formar familias en la fe: cultivar la catequesis en el hogar]. Kathy Hendricks (New London, CT: Twenty-Third Publications, 2015).

Great Expectations: A Pastoral Guide for Partnering with Parents [Grandes expectativas: guía pastoral para asociarse con los padres]. Bill Huebsch (New London, CT: Twenty-Third Publications, 2010).

Infant Baptism: A Sourcebook for Parishes [Bautismo de infantes: libro de consulta para parroquias]. (Chicago: Loyola Press).

Keep Your Kids Catholic [Haz que tus hijos sigan siendo católicos]. Marc Cardaronella (Notre Dame, IN: Ave Maria Press, 2016).

Sharing the Faith with Your Child: From Birth to Age Four [Compartir la fe con tu hijo: desde el nacimiento hasta los cuatro años]. Phyllis Chandler, Joan Burney y Mary Kay Leatherman (Liguori, MO: Liguori Publications, 2006).

You Have Put on Christ: Cultivating a Baptismal Spirituality [Revestidos de Cristo: cultivar una espiritualidad bautismal]. Jerry Galipeau (Franklin Park, IL: World Library Publications, 2014).

10

Guiar a la siguiente generación de líderes

La Palabra debe continuar

Mi trabajo en este libro coincidió con los primeros meses de vida de mi primer hijo, Daniel Thomas. Conforme mi esposa Kristi y yo hemos observado a nuestro pequeño crecer y cambiar, veo las cosas desde una perspectiva completamente diferente. Me gusta bromear: "¿De dónde salieron todos los bebés?". No estaban en mi radar antes y ¡ahora los veo por todos lados!

No hace mucho alguien compartió conmigo la cita atribuida al poeta Carl Sandburg: "Un bebé representa la opinión de Dios de que el mundo debe continuar". Es una manera absolutamente optimista de ver la vida y de seguir invirtiendo en el futuro. Ser un líder catequético, ya sea que tengamos hijos o no, es ocuparse con entusiasmo de que la siguiente generación conozca a Jesucristo, la Buena Nueva que él representa y la misión que nos encargó a nosotros. En efecto, la *Palabra* debe continuar.

Somos simples representantes de la Palabra de Dios, de las enseñanzas y tradiciones de la fe católica. En este momento y allí donde nos encontramos, somos llamados a llevar y compartir las gracias que nos han dado Dios y la Iglesia. Somos otro eslabón en la cadena de dos milenios de representantes y discípulos fieles de Jesús, que buscamos asegurarnos de que Danny Quinlan y todos los demás niños nacidos en esta generación conozcan a Dios, amen a Jesús y vivan el gozo pascual en esta vida y eternamente.

Observemos el horizonte, no para ver solamente el próximo año y cómo Dios *nos* llama a liderar, sino para ver también los dones de las personas a nuestro *alrededor* ahora y en los años venideros. Miremos a quiénes Dios nos está llamando a formar en la siguiente generación de líderes catequéticos. Cuento con tu sucesor para que supervise una formación parroquial llena de fe y guiada por el Espíritu Santo que pueda ayudar a los hijos de Danny a conocer a Cristo y a vivir su vida como pueblo católico.

Hacia dónde vamos

Intenta imaginar los próximos veinte años. ¿Qué ves? O tal vez sea más fácil si regresas atrás veinte años y luego piensas en el hoy. El mundo ha cambiado muchísimo en dos décadas, ¿no es cierto? Simplemente con respecto al ministerio, cuando era líder catequético recuerdo que la computadora personal no era más que un sueño para muchos. Mis asistentes usaban computadoras para gestionar los datos, ¡pero yo ni siquiera tenía una! Ahora, en mi ministerio en la diócesis no podría realizar ni una francción de mi trabajo sin una computadora y conexión a Internet. La tecnología ha sido una verdadera revolución, especialmente para el bien de nuestro trabajo en el ministerio.

Predecir es una tarea arriesgada. Hasta la imaginación más creativa puede no llegar a ver algunos de los grandes avances que hay en el camino. Pero cualquier visión futura relacionada con el ministerio catequético debe estar forjada en la interacción constante y dinámica de la Iglesia y el mundo, la cual revela valores y verdades con los que podemos contar.

1. La evangelización y la catequesis siempre deben tener como objetivo la persona de Jesucristo, la Palabra encarnada, que revela y representa el amor y el poder salvador del Padre.
2. El ministerio católico es, en su esencia, relacional. . . humano-divino y humano-humano.
3. La *historia* (con Jesús como modelo) siempre tendrá la prioridad de captar la imaginación religiosa humana.
4. El liderazgo importa. . . personas preparadas, competentes, plenas de fe llamadas por Dios para servir la misión de Cristo.
5. La tecnología, siempre que pueda ser una aliada del ministerio y promueva la misión de Cristo, debe ser adoptada.
6. Las tendencias culturales deben ser evaluadas con apertura y cautela para determinar su compatibilidad con la misión de la Iglesia.
7. El Espíritu Santo debe estar a cargo, lo cual requiere que los líderes permanezcan flexibles, humildes y en armonía espiritualmente.

La Iglesia: un sacramento duradero que involucra al mundo

Me encanta trabajar para la Iglesia. Quienes lo hacemos tenemos lo mejor de ambos mundos: un suelo firme bajo nuestros pies y el aliento del Espíritu Santo que sopla vientos de cambio en la Iglesia y en el mundo. Nuestra Iglesia, llamada a ser segura, no tiende a cambiar de dirección por todos lados. Nuestra Iglesia, llamada a ser humilde, debe estar abierta a las sorpresas de Dios, como dice a menudo el Papa Francisco. Tenemos una obra de verdad que se revela eterna y divinamente y que crea un marco cohesivo para la visión católica del mundo. Mientras tantos panoramas de nuestro mundo están en total turbulencia y sistemas enteros se encuentran en riesgo de ser derrocados, el sistema de pensamiento católico se mantiene firme y verdadero a lo largo de la historia. Ha superado exitosamente siglos de turbulencia y amenaza.

Una de las razones por las que el catolicismo ha sobrevivido y progresado en sus dos milenios de existencia es precisamente porque ha tenido la capacidad de innovar y adaptarse a lo largo del camino. Desde su historia de inculturación misionera de la fe hasta la reciente aceptación de nuestros papas de Internet como herramienta para la evangelización, donde la Iglesia ha sido flexible y abarcadora, ha promovido la misión de Cristo. La Iglesia funciona mejor cuando mantiene la tensión entre el *ya* y el *todavía no* (como la explicación de Jesús sobre el Reino de Dios en los Evangelios). Este es un concepto teológico que propone un modo de ser para la Iglesia. El catolicismo es suficientemente fuerte y flexible y es además un sistema de pensamiento tan brillante como para rechazar 1) el fundamentalismo (que niega la complejidad y ridiculiza los matices) y 2) el relativismo (que arrasa con la verdad y la razón en favor de la tolerancia) al mismo tiempo. Ambos son mortales para el despliegue orgánico de la Iglesia como el sacramento de Jesucristo vivo y en evolución. Ambos ponen en peligro a la Iglesia; el relativismo más desde nuestra cultura, el fundamentalismo más desde el interior.

¡Qué maravilloso es servir a algo tan grande, tan formidable, tan verdadero! Participamos en el misterio del amor y la gracia divinos, que tiene su cumbre en la persona de Jesucristo y continúa evolucionando dinámicamente hasta hoy en nuestro mundo, en tu vida y en la mía. En este contexto, transmitimos verdades que son eternas y salvadoras, trascendentes de influencia temporal y que no están sujetas a la tiranía de la insistencia cultural. La fe católica nos da raíces y alas para un liderazgo catequético sólido y duradero.

Así que bienvenido sea el futuro. Como líderes catequéticos católicos, tenemos plena confianza en lo que Dios está provocando en nuestro tiempo y más allá. Somos agentes de la Buena Nueva de Cristo y la visión católica del mundo, la plenitud de la verdad más allá de cualquier otra construcción humana. Y recibimos el flujo del cambio constante, valientes y con alegría, siempre considerando el potencial para la proclamación de Cristo Jesús nuevamente. En efecto, el futuro continuará ofreciéndonos nuevos odres para el don más valioso que es el Evangelio de Cristo. Y, con la gracia de Dios, ¡estaremos listos!

Ejercer influencia sobre futuros siervos-líderes

"No puedes renunciar hasta que encuentres tu reemplazo". He escuchado esta frase en diferentes ministerios a lo largo de los años, y también la he usado yo. Es comentario muy ingenioso, y es probable que sientas la tentación de usarlo con tus catequistas. Recibirás algunas risas, siempre y cuando sepan que estás bromeando a medias. Tal vez la mayor responsabilidad, con miras al futuro, de un líder catequético es invitar a otros a ingresar en el ministerio y, posiblemente, en el liderazgo del ministerio. Un buen líder es uno que continuamente busca compartir responsabilidades y fomentar el crecimiento en los demás. Quien posee verdadera *autoridad* es quien ayuda a los demás a alcanzar su potencial.

Haz memoria de tu jornada de vida y de fe. Considera el camino que te trajo al lugar donde estás ahora. Ciertamente es una jornada de gracia. Probablemente el camino ha tenido curvas sorpresivas. Muy pocos de ustedes, sospecho, crecieron deseando ser líderes catequéticos parroquiales. Estoy seguro de que puedes pensar en personas de tu pasado, a quienes podrías considerar agentes de Dios, que te impulsaron hacia el camino ministerial y te ayudaron a reconocer tus propios dones. La mayoría de nosotros tenemos personas a quienes agradecer (o culpar, en nuestros peores días) por traernos al liderazgo catequético, a pesar de que al principio podíamos no estar seguros de para qué nos estaba llamando Dios.

Cuando miro hacia atrás, puedo ver la manera en que Dios usó a muchas personas para formarme y guiarme en mi vocación como líder catequético. La retrospección es mucho más fácil que la predicción, ¿no es cierto? Como dice mi sabio amigo y colega, el doctor Jim Healy: "El camino se endereza detrás de nosotros" [v.d.t.]. Aquí hay una lista de aquellos que Dios usó para empujarme y guiarme en el liderazgo catequético:

- el párroco asociado que dedicó tiempo a aconsejarme y recomendarme al DER;
- el DER que le dio a un muchacho de dieciocho años una oportunidad y la formación para crecer;
- el director espiritual que me dio esperanza y orientación mientras abandonaba el seminario;
- la persona encargada del personal catequético de la diócesis que me invitó a postularme para un puesto en la parroquia;
- los DER vecinos que me guiaron en mis primeros años;
- los feligreses que fueron pacientes y le dieron su voto de confianza a un novato;
- el grupo del decanato que me aceptó y me dio un sentido de comunidad;
- la directora diocesana que creyó en mí lo suficiente como para invitarme a formar parte de su personal y
- el comité de la diócesis que me recomendó para el puesto de director.

Ellos son solo algunas de las personas que forjaron mi camino hacia el liderazgo catequético. ¡Les debo tanto a tantas personas! Realmente "hace falta todo un pueblo" para formar a cualquiera de nosotros para el liderazgo en la Iglesia. Reflexionar sobre esto me inspira a "retribuirle al futuro" y ayudar a otros a lograr aquello para lo que Dios los está llamando. Esta es mi responsabilidad y mi gran privilegio.

Dedica algo de tiempo a crear tu propia lista de personas que han sido guías y apoyos clave. También te animo a que dediques un tiempo significativo, cuando puedas, a reflexionar sobre la jornada singular y llena de gracia que transitaste en respuesta al llamado misterioso de Dios de liderar y servir. Regresa cada tanto para interpretar y celebrar cómo Dios te guio y cómo respondiste. Y agradece a Dios por todas las personas que te ayudaron en el camino. Incluso tal vez quieras agradecerles a ellas también.

Carismas y talentos

Se ha hablado mucho en la Iglesia en los últimos años sobre los dones de cada persona bautizada. Se trata de una recuperación valiosa del entendimiento que tenía la Iglesia de los primeros siglos de que Dios bendice a cada miembro del Cuerpo de Cristo con dones espirituales (carismas) para fortalecer la comunidad. En *Forming Intentional Disciples* [Formación de discípulos intencionales], Sherry Weddell habla sobre los carismas como dones otorgados por el Espíritu Santo que tienen un solo propósito: bendecir a los demás en el nombre de Cristo Jesús. La herramienta de evaluación *StrengthFinder*, publicada por Gallup, es un ejemplo de una herramienta de evaluación que puede mostrarte las cualidades humanas que son evidentes en ti para el liderazgo.

Con los años, he sugerido que ser un líder catequético parroquial es ser, entre tantas otras cosas, un líder en *cazatalentos*, o tal vez debería decir un *cazacarismas*. Una de nuestras responsabilidades como líderes catequéticos es estar atento a personas con talentos naturales y carismas sobrenaturales.

Convocar talentos y carismas no es lo mismo que llenar puestos vacíos en el ministerio. Sé respetuoso y presta atención al movimiento del Espíritu Santo en tu parroquia. Concéntrate en la *persona* al evaluar a quién invitar para funciones de liderazgo en el ministerio, y ten la actitud de crear ministerios que encajen con los talentos y carismas que ciertas personas recibieron de Dios.

Fundamentar todo en la oración

El punto de partida de este trabajo de convocar los dones de otros es la oración. Eres llamado a rezar regularmente por las personas a quienes guías en las funciones ministeriales y como futuros líderes. Pide a Dios que convoque a nuevas personas a funciones ministeriales. Pide la gracia de percibir los carismas y talentos de los feligreses. Pide a Dios que abra el corazón y la mente de los feligreses a este llamado de crecer y servir.

Busca extender esta campaña de oración más allá de tu persona. Invita a catequistas, colegas, padres y demás personas a un llamado activo e intencional del Espíritu Santo para activar los dones presentes en los bautizados de la comunidad. Existen pruebas de que las parroquias que rezan con esta intencionalidad se renuevan más profundamente.

Liderazgo con prioridad en las personas

Conoce a los miembros de tu comunidad. Esto es fundamental para intentar percibir los dones inherentes en tu parroquia. Dedica tiempo a escuchar, observar y aprender. Busca dones pastorales, dones de educador, dones de liderazgo. Busca a padres de familia y otros adultos que tal vez no participen activamente en los ministerios. A menudo, algunas de las gemas más valiosas no están en el ministerio, por diferentes razones. También presta atención a quienes participan en otras funciones ministeriales. Puede ocurrir que algunos no sean adecuados para su puesto actual. Algunos pueden crecer y servir de manera más eficaz en una función diferente. Usando este enfoque de coincidencias, comienza con la persona y su don, o dones, y luego intenta encontrar el camino óptimo para acceder a sus talentos y carismas.

Si bien puede parecer obvio hacer coincidir los dones de los feligreses con las necesidades de la comunidad parroquial, no siempre es fácil de lograr. Cuando tengas cinco puestos vacantes de catequistas de secundaria y es agosto, sentirás la tentación de ver a cualquiera con capacidades naturales para los de séptimo grado. Ten cuidado. Si no hay una buena coincidencia podrías tener catequistas descontentos haciendo un trabajo ineficaz y renunciando en enero. Evita tener una visión utilitaria de las personas. El líder catequético intuitivo y respetuoso valorará a las personas por quiénes son y no las verá como corchos para tapar agujeros. Esto podría provocar el desequilibrio del panorama del ministerio a corto plazo. Sin embargo, este enfoque guiado por el Espíritu Santo permitirá que comience un ministerio nuevo y fértil, que otros mueran si es la intención de Dios y que los feligreses estén más satisfechos al servir según sus fortalezas y carismas, que si lo hacen según las necesidades de la parroquia.

Mi historia preferida sobre guiar a una persona

Mi mayor éxito como cazatalentos de DER parroquial fue Marie. Marie tenía cuatro niños en nuestro programa de ER. Era una madre católica participativa y parecía ser una mujer alegre y llena de fe. La conocí durante un par de años y me pregunté por qué no era catequista. Con el tiempo llegué a conocer a Marie y me di cuenta de dónde estaba su don. Un día me sentí inspirado para hablar con Marie sobre el nuevo ministerio de catecumenado para niños que comenzaríamos el año siguiente. A medida que le explicaba la función, se entusiasmó por formar parte del equipo. Sus talentos y carismas eran perfectos para el puesto, y pronto se convirtió en catequista principal con los niños. En su momento, le entregué el ministerio a Marie. Su ministerio en esta función era fructífero y ella era profundamente feliz.

Como había visto un potencial de liderazgo en Marie, intenté capacitarla para que fuera catequista y coordinadora del ministerio. Finalmente, Marie continuó hasta obtener su título universitario y maestría y se convirtió en un miembro duradero y valioso del personal de la parroquia. Me gustaría pensar que cuando dejé mi puesto en la parroquia, no hubo problema porque había encontrado a mi reemplazo, alguien más capaz y dotado que yo para continuar.

Empoderar a los demás para el liderazgo

La Iglesia tiene una necesidad tremenda de miembros bautizados que continúen ingresando en el liderazgo catequético. Si Dios verdaderamente está llamando a una cantidad suficiente (y tal vez abundante) de personas, debemos convertirnos en cazatalentos, cazacarismas y también directores de vocaciones, no solo para ayudar a las personas a ver sus dones sino también para guiarlas en el desarrollo de sus capacidades. Un líder catequético eficaz es quien guía naturalmente a quienes fueron llamados por Dios y están dotados para el liderazgo. Aquí hay diez maneras de guiar a potenciales líderes catequéticos futuros:

1. Afírmalos: no solo por lo que hacen sino por *quienes* son.
2. Invítalos a evaluar funciones apropiadas en el ministerio, incluso a comenzar nuevos ministerios (posiblemente los que ellos descubran).
3. Si el liderazgo es evidente, ofréceles oportunidades de participar en funciones con mayor responsabilidad conforme pase el tiempo.
4. Acompáñalos (estando disponible para ofrecer consejo y apoyo), e invítalos a que te acompañen (que estén a tu lado para que aprendan más de primera mano).
5. Reza por las personas a quienes estás guiando de una manera más intensiva, y reza por ti mismo en tu función vital.

6. Con espíritu de oración, dirige reflexiones teológicas grupales a la luz de sus experiencias en el liderazgo del ministerio.
7. Evalúen juntos las áreas de fortalezas, o destrezas principales, y las que necesitan crecimiento.
8. Explora las oportunidades de formación y educación para ampliar sus competencias en el liderazgo del ministerio.
9. Continúa empoderándolos con mayor libertad para que lideren y creen sus funciones de liderazgo.
10. Consulta con la oficina catequética de tu diócesis para obtener recursos disponibles que te ayuden en el proceso.

Valorar el liderazgo catequético competente

Cada vez más frecuentemente, se lanza a las personas a puestos de liderazgo catequético sin la formación adecuada ni la capacitación que merecen. Hay muchos factores involucrados en esta dinámica creciente. Uno de estos es que hay menos personas con la educación, experiencia y capacitación para servir como líderes catequéticos. Se trata de un tema sistemático, no diferente de la escasez que vemos en el sacerdocio. Otra razón obvia es que algunas parroquias buscan llenar los puestos de liderazgo catequético con costos reducidos para la parroquia. En términos simples, a las personas con menos educación y experiencia se les suele pagar menos. Una parroquia puede adoptar este enfoque debido a la falta de recursos económicos o a la falta de valoración de la catequesis.

En respuesta, te animo a que procures que tu parroquia comprenda que la formación en la fe es un ministerio fundamental para la misión evangelizadora de Cristo, por lo cual también es una obligación canónica. Se encuentra en el corazón de lo que la parroquia es llamada a ser, y la misión de Cristo exige que invirtamos en la excelencia en cada generación. ¡Hay demasiado en juego aquí!

Oportunidades de crecimiento

Al guiar a otras personas hacia funciones de liderazgo, no le temas a la posibilidad de que busquen una educación formal. Los líderes catequéticos deben tener cierto nivel de dominio teológico. Simplemente, no es suficiente que tengan un buen corazón y amor por Jesús y la fe católica. La educación formal puede significar esforzarse para lograr un certificado o un título en una universidad católica. Para los interesados en vivir del liderazgo catequético, esta debería ser la opción preferida, incluso si les lleva varios años lograrlo.

Por fortuna, las licenciaturas y los títulos avanzados en educación religiosa u otros campos relacionados son más accesibles ahora que nunca, gracias a los estudios en línea. De igual manera, existen certificaciones en línea que ofrecen diversas instituciones católicas (universidades y otras instituciones). Estas certificaciones pueden ser un portal hacia estudios más formales y pueden permitir, de manera natural, la transición hacia un programa de titulación.

Hay pocas razones en la actualidad por las que una persona que participa en el liderazgo catequético no busque, de manera presencial o en línea (o de manera semipresencial), la educación formal necesaria para liderar con competencia. Este camino está disponible para todos, y la parroquia, diócesis y universidad pueden (y deben) hacer mucho para asegurarse de que el costo se mantenga dentro de lo razonable.

La oficina catequética de tu diócesis debe ser un gran recurso para cualquiera que desee ampliar su educación y desarrollar estas competencias centrales para el liderazgo en el ministerio. Asegúrate de consultar con los líderes de tu diócesis. Verifica si hay apoyo financiero en la diócesis para el desarrollo del liderazgo. Desafía a quienes ves con potencial para que se esfuercen por crecer. La Iglesia necesita personas dotadas que desarrollen su máximo potencial para brindar un liderazgo extraordinario. Esto te aplica a ti y a quienes guías.

Estándares y competencias nacionales

Las principales asociaciones nacionales de ministerios católicos (incluyendo la *National Conference for Catechetical Leadership* [Conferencia Nacional para el Liderazgo Catequético], (NCCL por sus siglas en inglés), la Federación Nacional para el Ministerio Juvenil Católico [NFCYM, por sus siglas en inglés] y la Asociación Nacional para el Ministerio de Laicos) han desarrollado en conjunto un grupo de estándares que cualquier líder catequético debería leer. Estos estándares y sus competencias centrales relacionadas pueden ser la medida de nuestra preparación y habilidad para servir de manera eficaz como líderes catequéticos (o líderes de otro ministerio) en la Iglesia. Te animo a que visites www.nccl.org para familiarizarte con los *Certification Standards for Lay Ecclesial Ministers: Standards and Competencies* [Estándares para la certificación de ministros eclesiásticos laicos: estándares y competencias]. Estos estándares pueden ser útiles conforme desarrolles un plan para continuar tu crecimiento profesional y personal, y pueden ayudar a otros a explorar su camino hacia el liderazgo catequético.

Guiar para el desafío: fracaso y crítica

Por lo general, un buen guía nos pone en una posición donde tendremos éxito con más frecuencia. Sin embargo, el crecimiento proviene más de nuestras experiencias con los desafíos que con los éxitos. Así que, permite que las personas a quienes guías abran sus alas, que intenten cosas más allá de su zona de comodidad y tal vez fracasen. Es todo parte de la curva de aprendizaje. Lo importante será cómo manejan las dificultades. Prepárate para orientarlos; mejor aún, sé un ejemplo de la fortaleza, humildad y flexibilidad necesarias para el liderazgo catequético. Comparte desde tu propia experiencia en situaciones difíciles. Sé transparente y hasta vulnerable con las personas a quienes buscas guiar.

Además, no temas desafiarlos en sus áreas de crecimiento. En una relación de confianza, un buen guía puede ser honesto y mencionar lo que hay que mejorar. Dicha honestidad y sentido de responsabilidad es, en verdad, una actitud generosa y amorosa. Pero recuerda, necesitamos que nos afirmen diez veces por cada crítica. Así que no pierdas la oportunidad de celebrar los éxitos y afirmar el crecimiento.

Pensamiento final

En respuesta a la generosa gracia de Dios en mi vida y a la extraordinaria generosidad de espíritu de tantas personas de quienes aprendí (y continúo aprendiendo), siento una creciente obligación de compartir cualquier sabiduría y perspectiva que ahora pueda tener. Este libro, que ha sido enriquecido enormemente por la experiencia de maravillosos líderes catequéticos parroquiales en la diócesis de Joliet (incluyendo a una anterior, mi esposa) y otros colegas amigos, ha sido un intento de corresponder.

Tal vez, estas sean palabras que hagan eco en ti o te inspiren en tu vida y liderazgo:

> Esta es la verdadera felicidad en la vida, ser útil para un propósito que tú reconoces como poderoso, ser una fuerza de la naturaleza en lugar de un tarugo impaciente, egoísta y malhumorado que se queja porque el mundo no se dedica a hacerte feliz.
>
> Soy de la idea de que mi vida le pertenece a toda la comunidad, y mientras la viva es mi privilegio hacer por ella todo lo que pueda.
>
> Quiero estar completamente gastado cuando muera, porque cuanto más trabajo más vivo. Me regocijo en la vida misma. La vida no es una "vela efímera" para mí. Es una especie de antorcha espléndida que me pertenece por unos instantes, y quiero que brille con toda la luz posible antes de pasarla a las generaciones futuras [v.d.t.]. (atribuido a George Bernard Shaw)

San Juan de la Cruz expresa la totalidad de la vida en términos poéticos breves: "En el ocaso de la vida serás juzgado por el amor" [v.d.t.]. Para cerrar el tema del liderazgo catequético, te ofrezco esto: vive en el amor de Dios y podrás amar a tu pueblo como Cristo ama. El resto puede no ser fácil. . . pero será perfectamente lógico.

Resumen: un defensor con quien podemos contar

[Y] yo pediré al Padre que les envíe otro Defensor que esté siempre con ustedes: el Espíritu de la verdad. . . (Jn 14:16–17)

Cuando Jesús miró hacia adelante la noche antes de morir, rezó por sus discípulos y rogó no solo por ellos "sino también por los que han de creer en mí por medio de sus palabras" (Juan 17:20). Jesús guio a los apóstoles para que continuaran su obra y para que guiaran a otros al discipulado. Como su plan para el futuro dependía de los seres humanos, nos dio al Espíritu Santo. El Espíritu continúa ofreciendo carismas a su pueblo para que la Palabra de Dios pueda continuar.

Para reflexionar y conversar

- El fundamentalismo y el relativismo son peligros al buscar mantener el Evangelio y el mundo en una tensión dinámica. ¿Cuál de estos riesgos es mayor en tu parroquia? ¿En ti?
- El Espíritu Santo es generoso al otorgar a las comunidades parroquiales talentos y carismas, aunque muchos de estos pueden no ser reconocidos o, incluso, pueden no estar al servicio de la Iglesia. ¿Cómo puedes ser un cazatalentos más pendiente en representación del Espíritu?

Madurar como líder catequético

Pide a las personas en quienes confías que te ayuden a ver las áreas con potencial de crecimiento en ti. Explora algún paso concreto para aumentar tu competencia en una o más áreas de crecimiento: un curso, una lectura, capacitación en cierta destreza, etcétera.

Visita www.loyolapress.com/lce para acceder a la hoja de ejercicios.

El líder catequético eficaz

CONFERENCIA NACIONAL LIDERAZGO CATEQUÉTICO
LOYOLAPRESS.

Cómo guiar a futuros líderes

Una dimensión importante del liderazgo es descubrir maneras de promover el crecimiento de las personas con dones y posibilidades de convertirse en líderes por sus propios méritos. Si ya estás guiando a personas en tu parroquia para posiciones de liderazgo más importantes, dedica tiempo a revisar estos elementos clave para guiar y considera cómo puedes brindarles un mejor servicio. Si no estás guiando a alguien, revisa esta lista de prácticas y reflexiona sobre las personas en tu parroquia a quienes Dios pueda estar llamando, con tu ayuda, a cubrir puestos de liderazgo más importantes. Realiza este ejercicio con estas personas en mente.

Persona por guiar: ____________

Formas de guiar	Reflexión... y notas específicas de planificación
Conócelos personalmente Observa, escucha, establece una amistad. ¿Cuáles son sus dones, fortalezas o debilidades? ¿Tienen un sentido de llamado a utilizar sus dones?	
Bríndales apoyo No solo por lo que hacen, sino por quienes son. (¡Recuerda que por cada crítica que recibimos necesitamos diez veces más de apoyo!).	
Invítalos a considerar funciones adecuadas Combina sus dones con las necesidades de la comunidad en ministerios existentes o comienza nuevos ministerios.	
Acompáñalos Ponte a su disposición para brindarles consejo y apoyo. Prepáralos para el éxito. Sé ejemplo de liderazgo para ellos e invítalos a que te acompañen en tu función.	
Reflexiona con ellos Reflexionen en forma personal y teológica a la luz de sus experiencias en el ministerio del liderazgo. Evalúen mutuamente los desempeños y evalúen áreas de fortaleza y de crecimiento necesario.	
Invítalos a asumir funciones de mayor responsabilidad Con el tiempo, ofréceles más libertad y creatividad en sus funciones.	
Ayúdalos en el fracaso Anímalos a que salgan de su zona de comodidad, e incluso a que se permitan fracasar. Transita el recorrido con ellos y comparte algunas de tus propias vulnerabilidades y luchas.	
Explora distintos medios para formación posterior Consulta los "estándares y competencias" de la NCCL. Anímalos a que exploren las distintas alternativas de diplomas y certificados. Consulta con la oficina de tu diócesis para obtener información y recursos.	
Reza con y por ellos Y por ti mismo en tu función como guía. Permanece abierto al Espíritu Santo.	

© 2018 NCCL. Todos los derechos reservados. El líder catequético eficaz W1601

Excelencia en el ministerio: los mejores prácticas para un liderazgo catequético exitoso Capítulo 10

Acción sugerida

Dedica tiempo a pensar en un individuo al que estés guiando de algún modo. Usando la lista de la página 149, elige los elementos a los que debes prestar más atención. Crea una estrategia más intencional para guiar a esta persona.

Recursos adicionales

En español

Crecer en una fe adulta: www.feadulta.com

Derroitte, Henri y Palmyre, Danielle: *Los nuevos catequistas.* Madrid, España: Editorial CCS, Serie Sal y Luz, 2010.

Formación de catequistas online: www.mercaba.org/LIDERES/480.catequesis.htm

Reflexiones y literatura cristiana. www.fluvium.org.

Talleres virtuales para catequistas. http://isca.org.ar/talleres.php.

En inglés

The Art of Mentoring: Embracing the Great Generational Transition [El arte de guiar: aceptar la gran transición generacional].

Darlene Zschech (Bloomington, MN: Bethany House Publishers, 2011).

Coaching in Ministry: How Busy Church Leaders Can Multiply Their Ministry Impact [Entrenar en el ministerio: cómo pueden multiplicar el impacto en su ministerio los líderes eclesiales ocupados]. Keith E. Webb (Bellevue, WA: Active Results LLC, 2015).

Everyone Leads: How to Revitalize the Catholic Church [Todos lideran: cómo revitalizar la Iglesia católica]. Chris Lowney (Lanham, MD: Rowman & Littlefield, 2017).

The Elements of Mentoring [Los elementos de la función de un guía]. W. Brad Johnson y Charles R. Ridley (New York: St. Martin's Press, 2008).

The Heart of Mentoring [La esencia de la función de un guía]. David A. Stoddard (Colorado Springs: NavPress, 2014).

StrengthsFinder 2.0. Tom Rath (New York: Gallup Press, 2007).

Acerca del autor

Tom Quinlan ha sido DER parroquial y servido como director catequético a nivel diocesano desde 2001. Tiene una maestría en Divinidad de la Universidad de *St. Mary of the Lake*. Tom es un miembro activo de la Conferencia Nacional para el Liderazgo Catequético, NCCL por sus siglas en inglés, habiendo sido también miembro del consejo. Como voz firme de la catequesis evangelizadora, Tom hace presentaciones en conferencias y da consultoría en todo el país. Tom vive con su familia en el área de Chicago.

La serie El líder catequético eficaz

Ya sea que estés iniciando tu labor como líder catequético o que lleves sirviendo por muchos años, la serie **El líder catequético eficaz** te ayudará a usar cada aspecto de este ministerio para proclamar el Evangelio e invitar a las personas al discipulado.

Llamados por nuestro nombre:

Prepararse para la vocación de líder catequético

Liderazgo catequético:

Cómo deber ser, cómo debe organizarse y a quién debe servir

Formar discípulos de Cristo:

Cómo entender la relación fundamental entre la catequesis y la evangelización

Cultivar catequistas:

Cómo reclutar, alentar y conservar a catequistas exitosos

Excelencia en el ministerio:

Las mejores prácticas para un liderazgo catequético exitoso

Todo el pueblo de Dios:

Catequesis eficaz en una Iglesia diversa

Cada libro de la serie **El líder catequético eficaz** está disponible al precio de $13.95, o la serie completa por $65.00.

Para hacer sus pedidos:

llame al **800.621.1008** o visite **loyolapress.com/LCE**

App LCE

Todo lo que necesitas para ser un líder catequético eficaz

La aplicación LCE pone teoría y práctica al alcance de tu mano. Partiendo directamente de los seis libros de la serie **El líder catequético eficaz,** la aplicación LCE brinda a los líderes catequéticos la oportunidad diaria de centrarse espiritualmente, enfocarse en asuntos pastorales específicos e identificar estrategias prácticas para asumir los desafíos de servir como líder catequético eficaz.

Características:

- Más de 40 reflexiones guiadas que se ajustan a tus necesidades individuales en el ministerio pastoral.
- Conveniente y accesible en cualquier lugar usando tu teléfono o tableta.
- Diseño moderno, interfaz fácil de usar y una fuente de calma en medio de la atareada agenda del líder catequético.

Para obtener más información y descargar la aplicación, visita **www.loyolapress.com/LCE**